W0041289

SUTTON
VERLAG

GEORG REICHLMAYR

GESCHICHTE DER STADT
MÜNCHEN

SUTTON
VERLAG

BILDNACHWEIS

AKG-Images: Titelbild, Seite 63, 118, 134
CDN Klaus Numberger: Seite 28, 90, 170, 179
Georg Reichlmayr: Seite 17, 49, 101, 156

Sutton Verlag GmbH
Hochheimer Straße 59
99094 Erfurt
www.suttonverlag.de

Copyright © Sutton Verlag, 2013
ISBN: 978-3-95400-182-8
Gestaltung: Markus Drapatz
Druck: Aalexx Buchproduktion GmbH, Großburgwedel

INHALTSVERZEICHNIS

VORWORT

1158, vor über 850 Jahren, veranlassten wirtschaftliche und macht-politische Interessen den bayerischen Herzog Heinrich den Löwen zur Gründung eines neuen Marktes an der Isar: München. Von Beginn an war der neue Markt ein lebendiges und überregional bedeutendes Zentrum. Händler kamen von weit her an die Isar und vernetzten München mit anderen Handelsplätzen.

Als Residenzstadt der Wittelsbacher erlebte München glanzvolle Zeiten, war jedoch auch in kriegerische Auseinandersetzungen besonders stark verwickelt. Der Münchner Hof unterhielt ver-wandtschaftliche Beziehungen zu anderen Herrschaftszentren und beteiligte sich jahrhundertelang am Streit um die Vormachtstellung in Europa – mal als Spielball zwischen den Fronten, mal als trei-bende Kraft und gelegentlich auch als Zünglein an der Waage. Stets versuchte die Stadt, sich neben Wien, Paris und später Berlin zu behaupten. München maß sich an anderen Metropolen und musste sich an ihnen messen lassen.

Wenn es um Kunst und Kultur ging, ließen sich die Stadt- und Landesherren gerne beeinflussen. Künstler, Handwerker und Bau-meister kamen aus allen Teilen Europas, insbesondere aus dem Süden, prägten Münchens Stadtbild und verliehen ihm italienische, teilweise sogar griechische Akzente.

Das Streben nach internationaler Anerkennung haben auch die heutigen Kommunal- und Landespolitiker tief verinner-licht – mit bemerkenswerten Erfolgen. Zahlreiche internationale Unternehmen und Institutionen haben in der Stadt ihren Sitz, viele Münchner stammen aus dem europäischen Ausland und aus der ganzen Welt. München zählt zu den meistbesuchten Städten des Kontinents. In friedlicher Weise hat es damit erreicht, was es immer sein wollte: eine viel beachtete Metropole im Herzen eines geeinten Europas.

Viel Spaß beim Lesen wünscht
Georg Reichlmayr,
März 2013

KAMPF UMS WEISSE GOLD

MÜNCHENS GRÜNDUNG IM 12. JAHRHUNDERT

Erst spät wird das Gebiet um das heutige München besiedelt. Grund sind die lebensfeindlichen Bedingungen nach Ende der Eiszeiten. Selbst die „siedlungsfreudigen" Kelten und Römer meiden lange die Ufer der Isar. Dann, 1158, macht Herzog Heinrich der Löwe mit einem Gewaltakt den Weg frei zur Gründung Münchens, das sich rasant zu einem bedeutenden Fernmarkt entwickelt.

Schweres Gerät brachten die Archäologen im Sommer 2011 auf den Marienhof im Münchner Stadtzentrum. Das Areal direkt hinter dem Rathaus war seit jeher dicht bebaut, doch Schule, Wohngebäude, Geschäftsstraßen, Cafés und Hotels wurden in den Bombennächten des Januars 1945 komplett ausradiert. Fortan befand sich an der Stelle eine Freifläche, auf die sich jetzt die stadthistorische Aufmerksamkeit richtete. Schicht für Schicht gruben sich die Archäologen durch Münchens Jahrhunderte, fanden Gläser und Geschirr, stießen auf die Überreste der ersten Mädchenschule Bayerns aus dem 17. Jahrhundert, legten frühneuzeitliche Werkstätten und die Fundamente der Wohnhäuser reicher Händler im Mittelalter frei, analysierten Brunnenschächte und datierten Hölzer und Scherben. Und machten erstaunliche Erkenntnisse: Münchens Stadtkern ist älter als angenommen, denn es fanden sich Siedlungsspuren aus der Zeit vor der durch schriftliche Quellen belegten Marktgründung. Gleichwohl wird Münchens Gründung nicht neu zu datieren sein. Denn gesellschaftliche Strukturen, besitzrechtliche oder gar politisch aussagekräftige Erkenntnisse aus der Zeit vor 1158 lassen sich weiterhin nicht festmachen. Und so bleibt es vorerst bei der macht- und wirtschaftpolitischen Gründung des Marktes durch den aufstrebenden Welfenherzog Heinrich den Löwen. Doch welche geologischen, klimatischen und schließlich politischen Voraussetzungen lassen sich für Münchens Entstehung festhalten?

Bayern ist bereits seit mindestens 200.000 Jahren bewohnt, doch mit wirklicher Sicherheit lässt sich dies nur für seinen nördlichen Teil behaupten. Mit der Besiedlung Südbayerns und insbesondere der Gegend um München ließen sich unsere Vorfahren viel mehr Zeit. Um dies zu erläutern, müssen wir einen kleinen Exkurs in die Erd- und Frühgeschichte unternehmen: Vor rund einer Million Jahren, als die Gebirgsbildung der Alpen so gut wie abgeschlossen war, kam es zu einer deutlichen Klimaverschlechterung. Die Eiszeiten setzten ein. Gewaltige Gletscher bedeckten nun das Voralpenland und einige Gletscherzungen erreichten sogar die heutige Stadtgrenze Münchens. Vor und unter den Eismassen lagerten sich mächtige Geröllschichten ab, Moränen, die noch immer den geologischen Untergrund des Münchner Südens bilden. Auch nach der Eisschmelze blieb die Gegend noch lange lebensfeindlich und abweisend: morastig, tundrenartig und vegetationsarm. Doch mit zunehmender Klimaerwärmung vor etwa 10.000 Jahren kehrte auch die Pflanzen- und Tierwelt zurück. Rasch breiteten sich Wälder auf der Schotterebene aus, allerdings waren sie so undurchdringlich dicht, dass sie wiederum die menschliche Besiedlung für lange Zeit verhinderten. Die Isar, an der später München liegen sollte, bahnte sich vom Karwendelgebirge in Tirol bis zur Donau ihr heutiges, knapp 300 Kilometer langes Flussbett mit Steilufern, zahlreichen Nebenarmen und weiten Flussauen. Ganz allmählich wurde das Klima konstanter und trockener, sodass sich die Urwälder lichteten und alle Voraussetzungen für die Erschließung der Region gegeben waren. Ab der Jungsteinzeit von etwa 4000 bis 1800 vor Christus sind Siedlungsspuren im weiteren Münchner Raum belegt. Auch bronzezeitliche Bestattungen sowie Grablegen und Keramiken jüngerer Kulturen sind nachgewiesen. Ab dem 5. Jahrhundert vor Christus kann man von einer planvollen Besiedlung durch die Kelten sprechen. Sie mieden jedoch die unmittelbaren Uferbereiche der

Isar als Wohngebiete, da diese zu steil und unsicher waren. Erschwerend kam die unbeständige Wasserführung des Flusses hinzu: Im Sommer fällt die Isar regelrecht trocken, kann aber nach starken Regenfällen oder während der Schneeschmelze in kurzer Zeit zu einem tosenden Strom werden. So gaben die Kelten dem Fluss seinen bezeichnenden Namen „Isaria", was etwa „Die Reißende" bedeutet.

Im Jahr 15 vor Christus erfolgte der groß angelegte Feldzug der Römer gegen die Kelten, mit dem die römische Herrschaft über das Gebiet der Zentralalpen und das Voralpenland bis zur Donau hin begann. Die Eroberer sicherten die Region durch zahlreiche Militärlager und begannen entlang der schiffbaren Flüsse Lech, Inn und Donau Siedlungen anzulegen. Damit setzt die Geschichte des bayerischen Raumes ein, aus der uns schriftliche und bauliche Zeugnisse überliefert sind und in der Grundlagen geschaffen wurden, in die sich später auch München einfügen musste.

Städte wie Augsburg, Passau und Regensburg wurden gegründet und Handelsstraßen angelegt. Von Oberitalien über die Alpen und entlang des Lechtals bis zur Donau führte die Via Claudia Augusta, zudem von Bregenz über Kempten und Rosenheim nach Salzburg eine West-Ost-Verbindung, welche die Isar nahe dem heutigen Münchner Vorort Grünwald überquerte. Münzfunde aus römischer Zeit lassen vermuten, dass auch entlang der Isar Handel getrieben wurde und eine kleine regionale Straße an ihrem Ufer verlief.

Ab dem 2. Jahrhundert nach Christus nahmen die militärischen Auseinandersetzungen der Römer mit germanischen Stämmen an Heftigkeit zu. Im Zuge der Völkerwanderungen brach das römische Imperium im 5. Jahrhundert schließlich zusammen. Eine Landnahme des bayerischen Raumes durch einen von Osten – möglicherweise aus Böhmen – eingewanderten Stamm der Bajuwaren, wie in früherer Forschung lange angenommen, hat es nicht gegeben. Die Bayern waren römisch geprägt und gingen am Beginn des 6. Jahrhunderts aus einer Verbindung mit allen germanischen Nachbarstämmen hervor. Der Name der Bayern, der „Männer aus dem Lande Baia" oder der

„Bojer", ist keltischen und germanischen Ursprungs, jedoch in seiner eigentlichen Bedeutung bislang ungeklärt. Die erste namentliche Erwähnung der „Baiobari" findet sich in der Mitte des 6. Jahrhunderts bei dem gelehrten spätantiken Geschichtsschreiber Jordanes. Seit diesem Zeitpunkt gibt es klare und mehr oder minder verlässliche Angaben über den Stamm der Bayern.

Die Agilolfinger waren das erste bayerische Herzogsgeschlecht, aus dessen Frühzeit jedoch nur wenige historische Fakten überliefert sind. Legenden erzählen von Herzog Theodo vom Anfang des 6. Jahrhunderts, doch ist nicht sicher, ob er jemals gelebt hat. Dessen ungeachtet wurde er Jahrhunderte später von den Herzögen aus dem Geschlecht der Wittelsbacher in deren eigenen Stammbaum aufgenommen. Theodo wurde für die Wittelsbacher zum Beleg ihrer scheinbar weit zurückreichenden Vergangenheit, war für sie ein Anker in den geschichtlichen Ursprüngen Bayerns. Tatsächlich gab es im 6. Jahrhundert weder vom Geschlecht der Wittelsbacher noch von München eine Spur. Erst vom Ende des 8. Jahrhunderts, als Kaiser Karl der Große Bayern in sein Reich eingliederte und die Agilolfingerherrschaft beendete, sind Ansiedlungen im Umkreis Münchens nachgewiesen. Es waren kleine Fischerdörfer am Isarufer, deren Namen meist mit der Silbe „-ing" endeten: Sendling, Schwabing und Menzing beispielsweise. Diese Bezeichnungen haben sich bis in die Gegenwart als Stadtteilnamen erhalten. Inwieweit auch das Gebiet der heutigen Altstadt bereits besiedelt war, ist derzeit Gegenstand der archäologischen Forschung.

In Bayern folgte auf die Herrschaft der Karolinger die der Luitpoldinger, der Sachsen und schließlich der Welfen. Regensburg blieb als herzogliche und zeitweise sogar kaiserliche Pfalz Zentrum Bayerns. Klöster und Kirchen gewannen enorme wirtschaftliche und politische Bedeutung: Kloster Emmeram in Regensburg erhielt das Burgenland und weite Teile der Slowakei, Salzburg wurde Sitz des Erzbischofs, das Bistum Passau kirchlicher Mittelpunkt am Inn. Für Münchens Geschichte erlangte jedoch eine andere Bischofsstadt zentrale Bedeutung: Freising.

Der Freisinger Domberg liegt zirka 40 Kilometer isarabwärts nordöstlich von München. Die enge Beziehung der Freisinger Bischöfe zum staufischen Königshof brachte ihnen zahlreiche Pflichten im Dienste des Reiches ein, wie Repräsentationsaufgaben und Reisen im Gefolge des Königs sowie die Teilnahme an Kriegszügen. Im Gegenzug erhielt das Bistum umfangreiche Begünstigungen und Güterübertragungen aus königlicher Hand, so zum Beispiel in Kärnten, den Dolomiten, Oberitalien, Oberösterreich und der Steiermark. Erlöse aus der Münzstätte, Zöllen, Brücken- und Marktrechten sowie dem Grundbesitz waren die Haupteinnahmequellen des Bistums, das den Handel zwischen der Donau und den Alpenpässen bestimmte. Fast die gesamten Ufer entlang der Isar waren in Freisinger Besitz, einschließlich der Brücke, die bei Föhring den Fluss überspannte. Der Warenumschlag war bedeutend, denn auch die Salzstraße von den Abbaugebieten bei Salzburg und Reichenhall nach Augsburg verlief über diese Brücke. Der Salzhandel begründete den Reichtum Freisings und seines geistlichen Herrn, denn das Mineral war das „Weiße Gold" des Mittelalters: Es war unverzichtbar zum Haltbarmachen von Lebensmitteln und zudem aufwendig zu gewinnen und zu transportieren.

Mitte des 12. Jahrhunderts war Otto (1112–1158) Bischof von Freising. Er gilt als bedeutender Geschichtsschreiber und Philosoph, war enger Berater König Konrads III. und Kaiser Friedrichs I. Barbarossa und mit dem staufischen Kaiserhaus eng verwandt. Otto hatte ganz besonderen Grund, auf die Unterstützung des Kaisers zu hoffen, denn er musste sich mit seinem unmittelbaren Nachbarn, dem bayerischen Herzog aus dem Geschlecht der Welfen, auseinandersetzen. Seit 1080 stellten die Welfen die bayerischen Herzöge, waren darüber hinaus Herzöge von Sachsen und hatten umfangreichen Besitz in Italien. Beeindruckt und bedroht von der Machtfülle der welfischen Herzöge schrieb Bischof Otto von Freising, dass die Welfen „von Meer zu Meer, von Dänemark bis Sizilien" herrschten.

Diese enorme Machtstellung wurde nur kurzzeitig unterbrochen, als König Konrad III. 1138 den übermächtig gewordenen

Welfen nach heftigen Auseinandersetzungen ihre beiden Herzogtümer aberkannte. Für fast zwei Jahrzehnte, von 1138 bis 1156, wurde das bayerische Herzogtum von den Babenbergern regiert, zu denen auch der Freisinger Bischof Otto zählte. Freising erlebte in dieser Zeit eine wirtschaftliche Blüte, doch schon der nächste Kaiser, Friedrich I., suchte wieder den Ausgleich mit den Welfen. 1142 wurde Heinrich der Löwe als Herzog von Sachsen eingesetzt und 1156 wurde auch Bayern an ihn übertragen. Die Welfen hatten ihre überwältigende Machtstellung im Reich zurückgewonnen. Mit allen Mitteln bemühte sich Otto von Freising um den Erhalt seines Handelsnetzes und seiner Zolleinnahmen, konnte sich aber auf Dauer nicht gegen die wachsenden Übergriffe und die Konkurrenz Heinrichs des Löwen wehren.

In dieser angespannten Situation trat München durch einen Gewaltakt des bayerischen Herzogs in die Geschichte ein.

Heinrich der Löwe (1129–1195) war ein ausgesprochen machtbewusster und wirtschaftlich denkender Herrscher und in vielen Entscheidungen seiner Zeit weit voraus. In seinen Herzogtümern Sachsen und Bayern betrieb er gezielte Städtepolitik und schuf ein weitreichendes Handelsimperium. Heinrich gründete Handelszentren wie Lübeck und Braunschweig und vergab Stadtrechte, unter anderem an Hannover, Lüneburg und Stade. Im Süden erhob er 1158 Reichenhall zur Stadt, beerbte 1169 den letzten Hallgrafen und sicherte sich somit die Kontrolle des Salzabbaus. Auch den gesamten durch Bayern verlaufenden Salzhandel und die damit verbundenen Einnahmen wollte er übernehmen. Doch die Salzstraße zog sich nach wie vor durch Freisinger Besitzungen und führte bei Föhring über die strategisch wichtige Isarbrücke.

Tatsächlich konnte sich der Freisinger Bischof hinsichtlich des Salzmarktes und der von ihm unterhaltenen bischöflichen Münze keineswegs auf ein königlich zugesichertes Recht berufen, sondern bestenfalls auf Gewohnheitsrecht. Nun stieß die Freisinger Position mit aller Wucht auf die grundsätzlichen Machtansprüche Heinrichs des Löwen.

Als sich Bischof Otto samt großem Gefolge 1156 bis 1158 den kaiserlichen Feldzügen nach Italien anschloss, schuf Heinrich der Löwe Fakten: Seine Truppen rissen die Brücke nieder, vernichteten den Markt und die dazugehörige Münzprägestätte und errichteten einige Kilometer entfernt eine neue Isarbrücke an einer alten Verbindungsstraße von Haidhausen nach Pasing. Damit besetzte Herzog Heinrich der Löwe den Bereich der heutigen Münchner Altstadt, also die Gegend zwischen Schwabing und Sendling, die ursprünglich zum Benediktinerkloster Schäftlarn gehörte, seit dem 11. Jahrhundert jedoch von Freising verwaltet wurde. Dabei knüpfte er möglicherweise an bereits bestehende Siedlungsstrukturen an, wie die aktuelle Forschung und die Grabungsbefunde am Marienhof nahelegen.

Von nun an kassierte Heinrich der Löwe die Markt-, Brücken- und Wegezölle aus dem Salzhandel und ließ das Münzprägerecht zu seinen Gunsten ändern. In Windeseile hatte er alle Voraussetzungen für einen neuen Markt geschaffen. Bischof Otto erhob wegen der gewaltsamen Verlegung des Isarübergangs umgehend Klage beim Kaiser. Doch Friedrich I. war die Zusammenarbeit mit dem mächtigen Welfenherzog wichtiger, und so bestätigte er kurz nach seiner Rückkehr von den Kriegszügen am 14. Juni 1158, dem Samstag nach Pfingsten, in Augsburg die Gründung des neuen Marktes namens München. Bis heute feiert die Stadt am 14. Juni ihr Gründungsfest.

Die kaiserliche Urkunde erklärte, dass Markt und Zollbrücke bei Föhring künftig nicht mehr beständen – Bischof Otto stand vor den Trümmern seines zusammengebrochenen Handelsimperiums. Doch immerhin erwirkte er eine gewisse Entschädigung für seine Verluste, denn ein Drittel aller Markteinkünfte Münchens musste fortan an Freising gezahlt werden. Auch alle handelswichtigen Positionen wie die des Münzmeisters, des Richters, des Schreibers, der Zöllner und der Verwaltungsbeamten wurden doppelt – von bischöflicher und herzoglicher Seite – besetzt. Außerdem befand sich die geistliche Zuständigkeit für den neuen Markt in Ottos Hand, da dieser in der Freisinger Diözese lag. Fast einstimmig geht die heutige Forschung davon aus, dass 1158 kein „Urteil" des Kaisers

gefällt wurde, sondern dass es Bischof und Herzog unter kaiser-
licher Vermittlung gelang, nach jahrelangen Auseinandersetzungen
einen Interessenausgleich zu erzielen, eine gütliche Einigung. Doch
die Zugeständnisse änderten nichts an der Tatsache, dass Freisings
Handelsmonopol gebrochen worden und der Erfolg Heinrichs des
Löwen verbrieftes Recht geworden war.

Die Einnahmen aus dem „Weißen Gold", das auf Ochsenkarren
über die neue Brücke nach München kam, füllten in den kommen-
den zwanzig Jahren proportional die Kassen Heinrichs des Löwen
und Ottos von Freising. Zusätzlich gewährte der Herzog dem Markt
Stapelrechte, die jeden Salzhändler verpflichteten, seine Ladung
drei Tage lang feilzubieten. Sie sicherten ihm einen permanenten
Umsatz. Kontrollpunkt der eintreffenden Ladungen wurde der
Bereich des heutigen Alten Rathauses, das Areal Marienplatz und
Petersbergl bildeten das frühe Zentrum der Verwaltung. Der neue
Markt war fortan ein wichtiger Trumpf in der Wirtschaftspolitik
des Herzogs. Bald kontrollierte er den Salzhandel von Reichenhall
bis zum Lech, wo er 1160 die Festung Landsberg gründete. Die
mittelalterliche Brücke Münchens existiert nicht mehr. Etwa an
der gleichen Stelle überspannt heute die Ludwigsbrücke die Isar.
Inschriften erzählen von den Ereignissen im Jahr 1158 und Heinrich
dem Löwen.

Die Augsburger Urkunde Kaiser Friedrichs I. spricht von einem
„forum apud Munichen", einem Markt bei Munichen. Der Ausdruck
leitet sich wohl von „Mönchen" ab, womöglich in Zusammenhang
mit einem kleinen Kloster oder klösterlichen Besitz. Sicher wissen
wir, dass die aus der Mitte des 13. Jahrhunderts stammenden frü-
hesten Stadtsiegel den Kopf eines Mönchs unter einem gemauer-
ten Stadttor zeigen. Später wurde der Mönch Teil des Münchner
Stadtwappens: Mit schwarz-goldenem Talar bekleidet hebt er seinen
rechten Arm zum Schwur oder Segen. In der ausgestreckten Linken
hält er die Bibel. Im Laufe der Jahrhunderte erfuhr der Mönch Veränderungen, die Zeit des Barock stellte ihn regelrecht stämmig und
später gar kindlich-verniedlicht dar. Allmählich verwandelte sich

Darstellung des Münchner Kindls am Neuen Rathaus, Ende 19. Jahrhundert.

der dicke Mönch zum Münchner Kindl und wurde so zur Symbol- und Werbefigur der Stadt.

München entwickelte sich rasch und planvoll. Zöllner, Richter und Münzmeister zählten zu den ersten Siedlern, höhere Beamte erhoben die Einnahmen und organisierten die Marktverwaltung im Auftrag der beiden Stadtherrn – des Herzogs und des Bischofs. Händler und Handwerker folgten. Wohl dreißig Jahre nach der Marktgründung ließ der gleichnamige Nachfolger des glücklosen Bischofs Otto die Kirche St. Peter erbauen und zur Pfarrkirche weihen. Ausgrabungen belegten, dass der sogenannte Alte Peter schon damals eine mächtige dreischiffige Basilika war – ein Indiz dafür, dass sich der Markt innerhalb kürzester Zeit zu einer blühenden Handelssiedlung entwickelt haben muss.

Nahe der Pfarrkirche unterhielt der Freisinger Bischof seine Verwaltung, während unweit davon der Alte Hof entstand, eine burgartige Anlage für die Beamten des Herzogs. Hauptmerkmal der jungen Siedlung wurde jedoch der zentrale Marktplatz, eine geräumige Freifläche am heutigen Marienplatz, den man noch bis ins 19. Jahrhundert hinein Schrannenplatz, Marktplatz oder einfach Platz nannte. Hier stapelten die ankommenden Händler ihr Salz und vertrieben die Erzeugnisse des Umlandes, und hier schlugen die herzoglichen Ministerialen die ersten Münchner Münzen. Um den Platz entstanden herrschaftliche Nutzgebäude und die Häuser der Beamten. Vom etwas erhöht gelegenen Markt aus zogen sich die einfachen Behausungen der Handwerker und Händler bald immer dichter zum Isarufer hinab. Die Siedler der Unterstadt lebten zwar in ständiger Bedrohung durch Hochwasser, konnten aber die nahen Flussarme zum Betreiben von Mühlen, zum Gerben von Leder und zum Fischen nutzen. Entlang der Haupthandelsstraße zwischen Isarbrücke und Marienplatz, dem Tal, reihten sich die Stellplätze für Pferde und Fuhrwerke und zahlreiche Herbergen und Gaststuben für die Händler aneinander.

Ein weiterer wichtiger Erwerbszweig Münchens wurde bereits im 12. Jahrhundert der Handel mit Holz, dessen Transport auf Flößen auf der Isar erfolgte. Auch für diesen Handelszweig wurden Stapelrechte eingeführt. Um den blühenden Markt zu schützen, wurde eine wehrhafte Befestigung erforderlich. Die ersten Stadtmauern entstanden vermutlich parallel mit dem Bau der Petersbasilika und wurden um 1200 fertiggestellt. Schäffler- und Augustinerstraße, Färbergraben, Rosental, Sparkassenstraße und Hofgraben zeichnen den ungefähren Verlauf der Mauern nach, der selbst auf heutigen Stadtplänen noch erkennbar ist. Bauliche Reste dieser ersten Stadtbefestigung gibt es jedoch keine mehr. Dass Heinrich der Löwe diese ersten städtischen Anlagen noch bestimmte, gilt inzwischen als sehr unwahrscheinlich. Eine „Heinrichsstadt" existierte wohl nicht. Münchens Kernstadt entstand im Wesentlichen nach 1180, als Heinrich der Löwe längst in kaiserliche Ungnade gefallen und nach einem spektakulären Gerichtsverfahren als Herzog entmachtet worden war.

Dennoch: Durch die gewaltsame herzogliche Gründung und die anschließende herzoglich-bischöfliche Verwaltung war München in kurzer Zeit ein bedeutender, befestigter und lukrativer Markt mit kirchlichen und behördlichen Strukturen an einer überregional wichtigen Handelsstraße geworden. Innerhalb weniger Jahrzehnte entwickelte sich München zur führenden Handels- und Gewerbestadt Oberbayerns, in der sich alles um Salz und Stapelrechte drehte.

Lange Zeit war Bayerns Geschichte ohne München verlaufen. Bald sollte es neues Zentrum des Herzogtums werden.

KAISERTUM UND BÜRGERKRIEG

Die Wittelsbacher stellen die bayerischen Herzöge. Ihre Burganlage in München ist baulicher Ausdruck ihrer Macht und Keimzelle der späteren Residenz. Mühevoll setzt sich die Dynastie gegen den bayerischen Adel durch und stellt mit Ludwig IV. erstmals einen Kaiser im Heiligen Römischen Reich. Doch der Glanz des Kaisertums verblasst bald. Das Geschlecht der Wittelsbacher zerfällt in verfeindete Linien und ein Jahrhundert der Bürgerkriege prägt Bayern am Ende des Mittelalters.

Vor der bayerischen Staatskanzlei im Münchner Hofgarten befindet sich das Reiterstandbild Herzog Ottos, der ab 1180 der erste Wittelsbacher auf dem bayerischen Herzogsthron war. Nach Otto regierte seine Familie über sieben Jahrhunderte Bayern – eine überaus lange Herrschaftszeit. Das Schicksal Münchens war währenddessen eng mit den Geschicken dieser Regenten verbunden, die territoriale Entwicklung Bayerns und die städtische Entwicklung Münchens bildeten eine Einheit. Infrastruktur, Wirtschaftskraft, Repräsentationsbauten, Militäranlagen: Alle Geschicke der Stadt sollten fortan von der Burg oder Residenz der Landesherrn, nicht vom Magistrat im Rathaus bestimmt werden. München war keine Bürgerstadt, sondern Residenzstadt.

   Wer waren und woher kamen die Wittelsbacher, die zu Kurfürsten, Königen und Kaisern aufstiegen? Zur Zeit der Marktgründung Münchens 1158 war das Geschlecht derer „von Wittelsbach" alles andere als bedeutend. Ihre Stammburg lag bei Scheyern nahe Augsburg. Seit dem 12. Jahrhundert residierten sie bei Aichach und nannten sich nach ihrer dortigen Burg Wittelsbach. Der Großteil ihrer Besitzungen lag zwischen Lech und Donau, aber auch verstreute

Gebiete um Dachau, Bozen und Burglengenfeld zählten dazu. Als Inhaber dieser bescheidenen Güter konnten sie sich nicht mit den mächtigen bayerischen Adelsgeschlechtern messen.

Der entscheidende Faktor für ihren Aufstieg waren die einflussreichen Ämter in Kirche und Reich, die sie bekleideten. Konrad von Wittelsbach profilierte sich in der zweiten Hälfte des 12. Jahrhunderts im päpstlichen Dienst, wurde abwechselnd Erzbischof von Mainz und Salzburg und schließlich Kardinal. Sein Einfluss erstreckte sich bis nach Hessen und Thüringen. 1184 und 1186 veranstaltete er in Mainz zwei der aufwendigsten und prachtvollsten Hoftage Kaiser Friedrichs I.

Otto, Konrads Bruder, stieg zeitgleich am Kaiserhof auf. Dort wurden alle wichtigen Entscheidungen mit seinem Rat getroffen. Der Kaiser ernannte ihn 1156 zum Pfalzgrafen von Bayern. In dieser Funktion war er für die Wahrung der kaiserlichen Rechte im bayerischen Herzogtum zuständig und hatte darüber zu wachen, dass Herzog Heinrich der Löwe die kaiserlichen Interessen nicht störte. Nicht alle Großen des Reiches waren mit Otto einverstanden. Insbesondere der Freisinger Bischof führte heftige Gefechte mit dem Wittelsbacher. „Otto (…) übertrifft alle seine Vorfahren an Bösartigkeit und drangsaliert bis zum heutigen Tag unablässig die Kirchen Gottes", schrieb er in seiner Weltchronik.

Otto konnte als Pfalzgraf zwar keine Reichtümer anhäufen, aber wiederholt seine Kaisertreue unter Beweis stellen. Seine große Stunde schlug, als der bayerische Herzog und Marktgründer Münchens in kaiserliche Ungnade fiel: Trotz der kniefälligen Bitte Friedrichs I. weigerte sich Heinrich der Löwe 1176 nämlich, dem Kaiser militärische Unterstützung in Italien zu gewähren – ein ungeheuerlicher Affront! Zahlreiche Fürsten warteten nur auf eine Gelegenheit, sich gegen den übermächtig gewordenen Welfen zu behaupten. Die Reichsfürsten eröffneten einen Prozess gegen Heinrich den Löwen wegen seines hochmütigen Verhaltens. 1180 bestätigte der Kaiser ihr Urteil: Über Heinrich wurde die Reichsacht verhängt, die Herzogtümer Bayern und Sachsen wurden den Welfen aberkannt.

Und zum neuen bayerischen Herzog bestimmte Friedrich I. seinen treuen Pfalzgrafen Otto (1117–1183).

Der Wittelsbacher begab sich sogleich auf Huldigungsreise durch sein neues Herzogtum und bemühte sich, das Amt dauerhaft für seine Sippe zu sichern. In Anbetracht der mächtigen adeligen Konkurrenz in Bayern war dies nicht einfach. Zudem musste Herzog Otto ohne die lukrativen Einnahmen des Münchner Salzmarktes auskommen. Der Kaiser stellte nämlich am 13. Juli 1180 in Regensburg eine Urkunde aus, das zweite kaiserliche Dokument, das Münchens frühe Geschichte beleuchtet. Darin stellt sich seine Sichtweise auf die Marktgründung völlig anders dar als in der ersten Urkunde von 1158: Der Kaiser verurteilte nun Heinrichs des Löwen gewaltsame Brückenzerstörung, die Marktverlegung erklärte er sogar für unrechtmäßig. Um den wirtschaftlichen „Urzustand" wieder herbeizuführen, erhielt Freising nun allein alle Rechte an dem blühenden Markt München. Der neue Freisinger Bischof Adalbert gewann somit völlig kampflos die Einnahmequelle zurück, die seinem Vorgänger einst von Heinrich dem Löwen genommen worden war. Münchens Verwaltung lag damit ab 1180 allein in den Händen der Freisinger Beamten. Immerhin verblieb das Münzrecht beim bayerischen Herzog und bildete in der Folgezeit die einzige Möglichkeit der Wittelsbacher, ihren machtpolitischen Einfluss in München schrittweise auszubauen und durchzusetzen. Dass Friedrich I. das Münzrecht bewusst ausklammerte, kann als Zeichen dafür verstanden werden, dass München inzwischen eine beachtliche Rolle dabei spielte, verschiedene Ansprüche und Interessen in einer ausgeglichenen Balance zu halten. Eine Rückführung des Marktes nach Föhring und Freising wurde daher nicht in die Wege geleitet.

Jedenfalls wurde München nicht sogleich zum Sitz der bayerischen Herzöge. Vermutlich hat Otto den Markt nicht einmal mehr besucht, seit er durch die Regensburger Urkunde alle Rechte daran verloren hatte. In den wenigen Jahren bis zu seinem Tod 1183 schuf der Herzog aber die Basis für den weiteren Aufstieg der Wittelsbacher und führte seinen Sohn, den späteren Herzog Ludwig I. den

Kelheimer (1174–1231), in die Kunst des Regierens ein. Dass den Wittelsbachern der Herzogstitel nach Ottos Tod nicht genommen wurde, lag auch am Verhandlungsgeschick der herzoglichen Witwe Agnes von Loon. Gemeinsam mit Erzbischof Konrad übernahm sie die Vormundschaft für ihren noch unmündigen Sohn und bat bei den mächtigen Familien Bayerns um Unterstützung für ihr Anliegen – mit Erfolg.

Ludwig I. der Kehlheimer konnte schließlich die Herrschaft antreten. Ehrgeizig und zielstrebig setzten sich er und seine Nachfolger gegen den bayerischen Adel durch. An strategisch wichtigen Stellen gründeten sie neue Städte und ließen Burgen als weithin sichtbare Herrschaftszeichen erbauen, wie etwa in Landshut, Landau, Dingolfing, Friedberg, Ingolstadt, Burghausen und Straubing. Innerhalb dreier Generationen vervielfachten die Wittelsbacher durch hartes Vorgehen ihre Besitzungen und finanziellen Mittel. 1204 vermählte sich Ludwig I. der Kelheimer mit Ludmilla, der Witwe seines gefährlichsten Widersachers, des Grafen von Bogen. Ludmilla war die Nichte des böhmischen Königs und brachte den Wittelsbachern beträchtlichen Besitz- und Prestigegewinn. Durch diese Ehe kamen die weißblauen Rauten in das bayerische Landeswappen. Und der Aufstieg setzte sich fort: 1214 verlieh Stauferkönig Friedrich II. die Pfalzgrafschaft bei Rhein an Ludwig I. den Kehlheimer. Um sich die einflussreiche und wirtschaftlich lukrative Position am Mittelrhein dauerhaft zu sichern, vermählte der Herzog noch im gleichen Jahr seinen Sohn Otto II. den Erlauchten (1206–1253) mit Agnes, der Erbin der Pfalz. Seit dieser Hochzeit ziert der goldene Pfälzer Löwe das bayerische Wappen.

Zu Beginn des 13. Jahrhunderts waren die bayerischen Herzöge bereits so mächtig, dass selbst die Bischöfe von Salzburg, Passau, Augsburg, Regensburg und Freising ihren Anordnungen Folge leisteten. Die Freisinger Bischöfe, deren Besitzungen ringsum von denen der Wittelsbacher begrenzt wurden, litten unter Ludwig I. dem Kehlheimer und seinem Nachfolger Otto II. dem Erlauchten mehr als einst unter Heinrich dem Löwen. Regelrechten Terror muss

Ludwig I. auf Freising ausgeübt haben, als er von 1225 bis 1228 als Stellvertreter des Kaisers regierte, als sogenannter Reichsgubernator. Wie diese Übergriffe abliefen, ist nicht bekannt, doch hielt er sich in diesen Jahren wiederholt in München auf. Und da dem Herzog auch die Freisinger Bistumsvogtei unterstand, konnte er aus dieser Position heraus seine faktische Macht in München zunehmend ausbauen. 1240 – sechzig Jahre nach der Übergabe an den Freisinger Bischof – gelang es Otto II. sogar, die einträglichen Münchner Marktrechte zu erhalten. Schrittweise war der Freisinger Bischof aus seiner Position verdrängt worden. Durch die Einberufung eines bayerischen Landtags nach München wurden die Präsenz des Herzogs und seine Macht über den Markt für jedermann sichtbar demonstriert. In einem Ausgleichsverfahren einigten sich Herzog und Bischof wieder auf die Regelung von 1158, wonach ein Drittel der Markteinkünfte an Freising floss. In Form jährlicher Geldabgaben sollte diese Regelung bis Anfang des 19. Jahrhunderts fortbestehen.

Als Zeichen herzoglicher Präsenz in München errichtete Ludwig II. der Strenge (1253–1294) eine befestigte Burganlage, den Alten Hof unweit der Pfarrkirche St. Peter und gegenüber dem ehemaligen „Freisinger Bezirk", und trieb die Stadterweiterung deutlich voran. Bereits 1253 war der Alte Hof bezugsfertig und wurde zur ersten Münchner Stadtresidenz der Wittelsbacher. Die Einrichtung der herzoglichen Hofhaltung bedingte den Aufbau einer umfangreichen fürstlichen Verwaltung mit Hofrat, Kanzlei und einer Hofkapelle. Den herzoglichen Geschichtsschreibern jedoch lag später sehr daran, den Aufstieg der Wittelsbacher in München schon direkt nach dem Sturz Heinrichs des Löwen anzusetzen. An der Erinnerung einer längeren Machtteilung mit den Freisinger Bischöfen lag den Wittelsbachern nichts. Diese Lesart stilisierte Heinrich den Löwen rückblickend zum alleinigen Marktgründer und Gestalter, dessen direkte Nachfolge schon 1180 auf die Wittelsbacher übergegangen sei.

Die tatsächlich jahrzehntelangen Wirren um die Marktrechte zwischen den Herzögen von Bayern und den Bischöfen von Freising und deren anhaltende territoriale Konkurrenz entlang der Isar hatten dem Handel indes nichts anhaben können. Bereits 1209 wurde München in einer königlichen Urkunde als „stattliche Kaufleutesiedlung" bezeichnet, wenig später bereits als „civitas", als Stadt. Münchens Markt florierte, gestärkt durch weitere Handelsstraßen nach Tirol, Franken und Böhmen, durch die sich das Angebot an Handelsgütern weiter vergrößerte. Neben Salz und Holz gewannen Wein und Eisen an Bedeutung und München stellte bereits eine ernst zu nehmende Konkurrenz für Wirtschaftszentren wie Augsburg und Nürnberg dar.

Auch baulich veränderte sich die Stadt. Herzog Ludwig I. gründete 1208 mit dem Heiliggeistspital eine der ersten sozialen Einrichtungen, ein Pilgerhaus und ein Pflegeheim mit eigenen Bäckereien, Mühlen und Räucherstuben. Die Versorgungsanstalt für Witwen, Waisen, Kranke und Arme umfasste das gesamte Areal des heutigen Viktualienmarktes. Für Seuchenkranke ließ man ein Leprosenhaus am gegenüberliegenden, weniger besiedelten Isarufer errichten.

Stand und Herkunft bestimmten den Rechtskreis, dem die Menschen in München angehörten: das Hof-, Kirchen-, Fremden-, Stadt- oder Judenrecht. Juden waren – wie in allen Städten des Reiches – von Handel, Handwerk und sozialem Leben ausgeschlossen und somit zu Geldgeschäften gezwungen, die den Christen verboten waren. Für die Händler, Handwerker und insbesondere auch für die Herzöge waren sie daher die wichtigsten Geldgeber und Gläubiger. Gerade als überregionaler Handelsplatz mit umfangreichen Salzstapelrechten war Münchens wirtschaftliche Entwicklung ganz wesentlich vom jüdischen Kreditsystem abhängig. Die Münchner Juden siedelten sich in unmittelbarer Nähe zur herzoglichen Burg an, etwa im Bereich des heutigen Marienhofs, da sie dort Schutz vor gewaltsamen Übergriffen durch ihre Schuldner zu finden glaubten. Ihre Hoffnung erwies sich jedoch als trügerisch, denn eine Meute hasserfüllter Menschen zerstörte 1285 die Häuser der Judengasse und tötete wohl 60, womöglich über 100 Juden. Die Inflation, eine Klimaverschlechterung, die sich auf die Ernten und somit den

Handel auswirkte, und die permanente Angst vor Seuchen hatten die Hysterie ausgelöst, die sich in dem sinnlosen Massaker gegen die Juden entlud. Die Gräueltat wurde mit einem angeblichen Ritualmord begründet. Überliefert ist der Bericht eines Zeitzeugen: „Verprent worden di Juden, man und weib (…), darumb das si ain kristskind getöt heten."

Ende des 13. Jahrhunderts sicherte sich München durch einen zusätzlichen vier Kilometer langen und mit zahlreichen Türmen versehenen Befestigungsring gegen mögliche Angreifer. Der einstige Mauerverlauf ist noch heute an drei Stadttoren erkennbar: dem Isar-, dem Karls- und dem Sendlinger Tor. Die gewaltige Schutzanlage bestimmte 500 Jahre lang Münchens Stadtentwicklung. Noch bis Ende des 18. Jahrhunderts erfolgte Münchens Ausbau nahezu ausschließlich auf der etwa 90 Hektar großen Fläche, die dieser Mauerring umspannte. Die Zöllner verlegten ihre Amtsstuben in die neue Befestigungsanlage, insbesondere ans Isartor, durch das jährlich Tausende von Fuhrwerken auf ihrem Weg zum Schrannenplatz oder zum Promenadeplatz zogen, wo das Salz gestapelt wurde. Steuerlisten lassen vermuten, dass die Stadt um 1300 ungefähr 10.000 Einwohner zählte. Die rasant zunehmende Bevölkerung hatte die Einrichtung einer zweiten Pfarrei nötig gemacht. So war 1271 eine Marienkapelle zur Pfarrkirche erhoben worden. Sie sollte zur Keimzelle des späteren Domes „Unserer lieben Frau" – der Frauenkirche – werden.

Erste Klöster entstanden: zum Beispiel das Angerkloster am heutigen St.-Jakobs-Platz, das aus einer Jakobskapelle hervorging. 1257 wurde es zunächst das erste Franziskanerkloster und wenige Jahre später dem Frauenorden der Klarissen übergeben. Es erlangte Bedeutung für die standesgemäße Versorgung und Erziehung der Töchter der Münchner Oberschicht.

Trotz der vielen Hofbeamten und Kaufleute war München keine „feine" Stadt geworden. Es herrschten miserable hygienische Verhältnisse und über den schlammigen, ungepflasterten Gassen lag der Gestank der Gerbereien und Schlachtereien. Frei umherlau-

Die spätgotische Frauenkirche ist das weithin sichtbare Wahrzeichen der Landeshauptstadt.

fende Schweine fraßen den Unrat und waren vermutlich die einzige nennenswerte Form der Abfallbeseitigung. Die Toten bestattete man im mittelalterlichen München noch direkt neben den beiden Pfarrkirchen.

Doch der Auftakt der Wittelsbacher als bayerische Herzogsdynastie war keine durchgehende Erfolgsgeschichte. 1255, zwei Jahre nach dem Tod Herzog Ottos II., teilten sich dessen Söhne die Herrschaft und gründeten Teilherzogtümer. Der niederbayerische Herzog Heinrich I. wählte Burg Trausnitz in Landshut als sein Herrschaftszentrum. Ludwig II. der Strenge als Herzog von Oberbayern machte den Alten Hof in München zum Zentrum seines Herzogtums. Noch zweieinhalb Jahrhunderte lang verfuhren die Wittelsbacher nach diesem Prinzip der Erbteilung.

Der Münchner Herzog Ludwig II. (1229–1294) erhielt den Beinamen „der Strenge", weil er zu Beginn seiner Herrschaft seine Gemahlin Maria von Brabant aus vermutlich unbegründeter Eifersucht enthaupten ließ. Zur Sühne stiftete er später westlich von München das Kloster Fürstenfeld. Den Münchnern gestand der Herzog kaum Rechte und Freiheiten zu. Beispielsweise lag die Gewerbehoheit während des gesamten 13. Jahrhunderts ausschließlich bei den Landesherren. Auch die Ämtervergabe an Richter und hohe städtische Beamte nahmen sie alleine vor. Zwar gab es seit dem Ende des 13. Jahrhunderts einen städtischen Rat, in dem zwölf angesehene Vertreter der Münchner Patrizierfamilien saßen, doch wurden die Ratsherren vom Herzog vereidigt und hatten dessen Willen zu vollziehen. Ein Selbstverwaltungs- oder Widerspruchsrecht gab es nicht. Die herzogliche Macht drückte sich aber vor allem in dessen Finanzhoheit aus: München hatte jährlich eine Stadtsteuer von 600 Pfund an den Landesherrn zu zahlen.

Ein herausragendes Ereignis unterbrach Münchens Geschichte als oberbayerische Residenzstadt: Im Oktober 1314 wurde Herzog Ludwig IV. (1282–1347), Sohn Herzog Ludwigs II. des Strengen, zum deutschen König gewählt. Die Entscheidung war umstritten, denn tags zuvor war von einer anderen Fürstengruppe der Habsburger

Friedrich der Schöne, Herzog von Österreich, ebenfalls zum König erkoren worden. Beide wurden am 25. November 1314 gekrönt – Ludwig in Aachen, Friedrich in Bonn. Acht Jahre kriegerischer Auseinandersetzungen zwischen den beiden Kontrahenten sollten nun folgen.

Ludwig IV. durfte ein Kriegsaufgebot von München verlangen. Die Rekrutierung für die Heere erfolgte nach Gewerbezugehörigkeit und manche Berufsgruppen wurden für ihre Kriegseinsätze ausgezeichnet. Münchens tapfere Bäcker durften aus diesem Grund den Reichsadler in ihrem Wappen führen, um nur ein Beispiel zu nennen. Der Stadt gewährte Ludwig IV. für ihre Unterstützung das Recht auf freie Nutzung des Schrannenplatzes. Die Marktordnung unterstand dadurch seit 1315 der Kommune und spätestens ab 1347 hielt München das Monopol für den gesamten oberbayerischen Salzhandel.

1322 siegte Ludwig IV. in einer entscheidenden Schlacht bei Mühldorf über Friedrich den Schönen und festigte damit endgültig seine alleinige Königsherrschaft. Mehr noch: Ludwig IV. wurde nun als „dominus mundi", als „Herr der Welt", bezeichnet und als künftiger Kaiser angesehen. 1322 starb seine junge Gemahlin, Königin Beatrix von Schlesien-Glogau. Ludwig IV. ließ sie in der Frauenkirche bestatten und machte diese damit erstmals zur Grablege der Wittelsbacher.

Der König steigerte den reichsweiten Einfluss der Wittelsbacher ganz erheblich: 1323 sicherte er seiner Familie die Mark Brandenburg, indem er das Land seinem achtjährigen Sohn Ludwig übertrug – dem Brandenburger, wie man ihn daraufhin nannte. 1342 vermählte er ihn mit Tirols Gräfin Margarete „Maultasch", die allerdings noch verheiratet war, deren Ehe mit dem böhmischen Königssohn er aber kurzerhand scheiden ließ. Die Hochzeitsfeierlichkeiten sorgten für europaweites Aufsehen, doch kümmerten den König die kirchenrechtlichen Einwände nicht. Tirol ermöglichte ihm die Kontrolle der wichtigsten Alpenpässe und den Zugang nach Italien, den er durch Gründung des ritterbewehrten Klosters Ettal zusätzlich schützen ließ.

Mit dem Aussterben der niederbayerischen Herzogslinie fanden 1340 die bayerischen Teilreiche wieder zusammen und München wurde in den folgenden Jahren alleiniges Zentrum Bayerns – und Mittelpunkt des Heiligen Römischen Reiches: Bereits 1324 hatten Beamte die Reichsinsignien, die wichtigsten Heiligtümer des Königs, nach München transportiert. Vermutlich wurden sie in der nicht mehr erhaltenen Lorenzkirche des Alten Hofes aufbewahrt. Gläubige aus allen Reichsteilen strömten herbei, um einen Blick auf die Schätze zu erlangen, die Zisterziensermönche Tag und Nacht betend bewachten.

Ludwig IV. bereitete seine Kaiserkrönung vor. Erschwerend war dabei, dass er sich in heftigen Auseinandersetzungen mit dem Papst befand. Es war das letzte dramatische Kräftemessen zwischen Reich und Kirche im Mittelalter. Papst Johannes XXII., der in Avignon residierte, hatte bereits 1324 einen Prozess gegen Ludwig IV. eröffnet. Er glaubte, der König würde in Italien die Gegner des Papsttums unterstützen. Wegen des Vorwurfs der Konspiration mit den Ketzern sprach er dem König sämtliche Herrschaftsrechte ab und verhängte den Kirchenbann über ihn. Ludwig IV. seinerseits hielt dem Papst vor, das Heilige Römische Reich vernichten zu wollen.

Tieferer Hintergrund des Streits war eine theologische Grundsatzfrage: Hatten Jesus und die Apostel weltliches Eigentum besessen oder lebten sie in völliger Armut? Die Frage war brisant, denn sie konnte die Ablehnung kirchlicher Reichtümer zur Folge haben – und genau diesen Standpunkt vertrat Ludwig IV. 1326 nahm er die beiden streitbaren und als Ketzer verschrienen Gelehrten Marsilius von Padua und Johann von Jardun auf, die sich auf der Flucht vor päpstlicher Verfolgung befanden. Marsilius war zuvor Rektor der Pariser Universität und politischer Gesandter in Italien und Frankreich gewesen. Er galt als der schärfste Kritiker der päpstlichen Finanzpraxis. In seinem Hauptwerk „Defensor Pacis" bezeichnete er den päpstlichen Hof in Avignon sogar als „Räuberhöhle". In München organisierte er Ludwigs Reisevorbereitungen nach Rom zur Kaiserkrönung. Im Januar 1328 empfing dieser dann tatsächlich die Kaiserkrone, jedoch nicht vom Papst, sondern aus den Händen eines Stadtadeligen und den Bischöfen von Venedig und Almería.

Auf seiner Krönungsreise nach Italien wurde Ludwig IV. von Margarete von Holland begleitet, seiner neuen Gemahlin. Margarete war eine besonders gute Partie, brachte sie doch die Grafschaften Holland und Friesland mit in die Ehe. Die Kaiserin gebar in Rom den ersten Kaisersohn, Ludwig VI. den Römer. Später begleitete sie ihren Gemahl nur noch selten auf dessen Reisen und blieb stattdessen mit ihren acht Kindern im Alten Hof in München. Aus Rom und Italien brachte Ludwig IV. zahlreiche Reliquien mit nach München, die Eingang in die Kirchenschätze fanden: einen Splitter vom Kreuz Christi in Maria Ramersdorf, einen Zahn des Heiligen Petrus in St. Peter, den Armknochen des Heiligen Antonius von Padua in der Franziskanerkirche (heute St. Anna im Lehel), um nur einige zu nennen. Wer war bei so offensichtlicher Unterstützung so mächtiger Patrone auf päpstliche Gunst und Gnade angewiesen?

Gerade die Franziskaner stellten sich im Streit zwischen Kaiser und Papst auf Ludwigs IV. Seite und fanden bei ihm Schutz vor päpstlicher Verfolgung. Michael von Cesena, Wilhelm von Ockham, Bonagratia von Bergamo und weitere namhafte Persönlichkeiten kamen so nach München. Das Franziskanerkloster am heutigen Max-Joseph-Platz entwickelte sich zu einem geistigen Zentrum, wenn nicht gar zu einer „geistlichen Hofakademie" von europäischem Rang. „Schütz du uns mit dem Schwert, wir wollen dich mit der Feder schützen", versprachen die Franziskaner dem Kaiser und verfassten für Ludwig IV. scharf formulierte Briefe an den Papst, den sie sogar als „Hure von Avignon" bezeichneten. Ludwigs Beiname „der Bayer" wiederum stammt aus der päpstlichen Kanzlei, denn Johannes XXII. weigerte sich beharrlich, ihn König oder gar Kaiser zu nennen. Ludwig IV. ging dennoch mit eben diesem Schmähnamen, der sich in späterer Zeit so trefflich patriotisch umdeuten ließ, in die Geschichtsbücher ein. Nach ihrer skandalösen Hochzeit verfiel auch seine Schwiegertochter Margarete dem päpstlichen Bann. Ihr Beiname „Maultasch", unter dem sie berühmt wurde, hat seinen Ursprung vermutlich ebenfalls in der päpstlichen Kanzlei. Umgekehrt beleidigte der Kaiser den Papst, indem er ihn für abgesetzt erklärte und den Franziskaner Petrus von Corvaro zum Gegenpapst ernannte. Der bizarre Streit machte München fast zwei Jahrzehnte lang zu einem Ort voller Widersprüche: Ziel von Pilgerscharen einerseits, Hochburg von Papstgegnern und angeblichen Ketzern andererseits. Streit hatte Ludwig IV. aber auch im eigenen Haus, nämlich über die Herrschaftsbeteiligung der übrigen Familienmitglieder. 1329 einigte sich der Kaiser mit seinen Neffen, den Söhnen seines Bruders Rudolf, im Wittelsbacher Hausvertrag von Pavia: Die Pfalz wurde von Bayern abgetrennt und Heidelberg ihr Zentrum. Viereinhalb Jahrhunderte lang regierten nun unterschiedliche Linien der Wittelsbacher: die rudolfinische Linie in der Pfalz und der späteren Oberpfalz, die altbayerische Linie in München und den übrigen Teilherzogtümern. Die Beziehungen blieben währenddessen überaus konfliktreich.

Das Kaisertum, das sich mit zahlreichen prachtvollen Einzügen in München präsentierte, ließ die Stadt wirtschaftlich und kulturell aufblühen. Gaukler und Dienstboten, Gelehrte und Pilger, Handwerker und Souvenirhändler prägten das quirlige Treiben auf den Straßen. Die München-Wallfahrten brachten florierende Märkte hervor, von denen sich die jährlich abgehaltene Jakobi-Dult bis heute erhalten hat.

Doch im Oktober 1347 starb Ludwig IV. bei Kloster Fürstenfeld während einer Bärenjagd. Sein Leichnam wurde mit großem Zeremoniell in der Marienkirche neben seiner ersten Gemahlin Beatrix bestattet. Die kleine Pfarrei avancierte damit zur kaiserlichen Grablege. Mit seinem Tod endete zunächst die kaiserliche Geschichte der Wittelsbacher, die nun wieder auf ihr bayerisches Herzogtum zurückgeworfen waren. Der verstorbene Kaiser blieb jedoch das Herrschervorbild für alle Folgegenerationen der Dynastie. Fortan empfanden sich die Münchner Wittelsbacher als Mitglieder einer kaiserlichen Familie, einer „stirps imperialis", wie ihr Stammbaum in der Residenz verkündet. Aus dem kaiserlichen Wappen, einem schwarzen Adler auf goldenem Grund, leiten sich die Münchner Stadtfarben Schwarz und Gold ab.

Den glanzvollen Zeiten sollten lange dunkle Jahre folgen. Schon 1349 musste Kaiserwitwe Margarete erleben, wie ihre Söhne das Land unter sich teilten, obwohl ihr Gemahl verfügt hatte, dass sie die weitverteilten Besitzungen gemeinsam verwalten sollten. 1392 wurde Bayern schließlich in die drei Herzogtümer Ingolstadt, Landshut und München aufgeteilt. Die Konkurrenz zwischen ihnen war groß und harte kriegerische Auseinandersetzungen waren die Regel. Und wenig sprach dafür, dass sich München behaupten könne. Große Chancen sich dauerhaft durchzusetzen versprachen sich die Ingol-städter Herzöge. Ludwig VII. von Ingolstadt (1365–1447), Urenkel Kaiser Ludwigs IV., hielt sich viele Jahre am französischen Königs-hof in Paris auf, denn seine Schwester Elisabeth hatte Karl VI., König von Frankreich, geheiratet. Da Karl VI. regierungsunfähig war, bestimmten nun die Ingolstädter Geschwister die Politik Frank-reichs in den entscheidenden Jahren des Hundertjährigen Krieges, hatten unbegrenzten Zugriff auf den französischen Kronschatz und rüsteten auch in den Kriegen gegen die bayerische Verwandtschaft mit französischen Ressourcen. Dennoch gelang es dem Münchner Herzog Ernst und seinen Söhnen im September 1422 bei Alling nahe Fürstenfeldbruck in einer blutigen Schlacht ihren Ingoldstädter Vetter zu besiegen. Nur wenig später, 1430, entstand vor der Stadt-mauer Münchens im Auftrag des Erbprinzen Albrecht, des spä-teren oberbayerischen Herzogs Albrecht III. (1438–1460), Schloss Blutenburg. Es wurde zum Ort einer berühmten und tragischen Liebesgeschichte, die literarisch und künstlerisch mehrfach ver-arbeitet wurde: Gegen den väterlichen Willen heiratete Albrecht die Augsburger Baderstochter Agnes Bernauer, der er mit der Bluten-burg ein würdiges höfisches Ambiente bieten wollte. Langes Glück war den beiden nicht vergönnt, denn Herzog Ernst beendete die unstandesgemäße Ehe seines Sohnes, indem er Agnes bei Straubing in der Donau ertränken ließ. Doch was sich liest wie ein gemeines Mordkomplott, war für den Erhalt der Linie Bayern-München unerlässlich. Angesichts der brutalen Schlachten im Ringen um die alleinige Vorherrschaft eines Herzogs über das gesamte Bayern hätte das Ausscheiden der Münchner Linie aufgrund einer unstandesgemäßen Liebesbeziehung wahrlich eine pikante Note besessen. So war die eindringliche Darstellung der Aussöhnung zwischen Herzog Ernst und seinem Sohn Albrecht sowie dessen zweiter nun standesgemäßer Heirat mit Anna von Braunschweig von ganz besonderer Bedeutung. Der Ingolstädter Herzog Ludwig VII. dagegen unterlag schließlich seinem Landshuter Verwandten und beendete sein Leben wenig glanzvoll in Kerkerhaft in den Verliesen Burghausens. Das enorme Vermögen der Ingolstädter fiel daraufhin an Bayern-Landshut, wo sich die Herzöge nun als „die Reichen" bezeichneten. Völlig zu Recht, denn Landshut verfügte über die Verbindungsstraßen nach Böhmen, zahlreiche Handels- und Salzwege, förderte den Ausbau der jungen Ingolstädter Universität, aus der Jahrhunderte später die Münchner Ludwig-Maximilians-Universität hervorgehen sollte. Und als Herzog Georg der Reiche von Landshut schließlich die polnische Königstochter Hedwig heirate und eines der üppigsten Feste seiner Zeit veranstaltete, die Landshuter Fürstenhochzeit, führte er die politische und wirtschaftliche Dominanz Landshuts allen Zeitgenossen machtvoll vor Augen. Und so sprach wenig für München im finalen Ringen um die Vorherrschaft in Bayern am Ende des 15. Jahrhunderts.

Die Kosten für die ständigen Kämpfe brachten die Herzöge in Finanznot und zwangen sie zu immer mehr Geldanleihen. München entwickelte sich zu der höchstbesteuerten Stadt in Süddeutschland. Durch Stadtbrände und wiederholte Pestepidemien stark gebeutelt, musste die Bevölkerung immer häufiger Truppen für den Herzog stellen und die Belagerungen setzten ihr zusätzlich schwer zu. „Die nahmen den Münchnern alles Wasser, das in die Stadt geht, ganz und gar, brachen alles verderblich nieder und nahmen die ganzen Isarbrücken mit Gewalt", beschreibt eine Denkschrift den Kriegszustand. Die anhaltende Not entlud sich schon im Dezember 1384, als die Münchner einen Aufstand gegen ihre Herzöge Friedrich und

Stephan wagten. Ein prominenter Bürger, Hans Impler, wurde von den Aufständischen wegen angeblicher Konspiration mit den Herzögen hingerichtet. Den Wittelsbachern wurde es im Alten Hof zu gefährlich. Sie flohen in ihre nördlich gelegene Burg Dachau. Dauerhaft war München der militärischen Übermacht der Herzöge jedoch nicht gewachsen, sodass die Stadt schließlich nachgeben musste. 100 der angesehensten Bürger kamen nach Dachau, baten die Herzöge kniefällig um Gnade und entrichteten 6.000 Gulden Sühnegeld an sie. Doch der Aufstand hatte den Herzögen gezeigt, dass sie im Alten Hof vor Übergriffen nicht sicher waren. Sie beschlossen daher den Bau einer neuen stattlichen Burg im Nordosten der äußeren Stadtmauer. Die sogenannte Neue Veste bot ihnen bessere Verteidigungs- und Fluchtbedingungen. Die Anlage wurde die bauliche Keimzelle der Münchner Residenz, die im Laufe der Jahrhunderte zu einem der größten Wohn- und Regierungssitze Europas heranwachsen sollte.

Da die Herzöge auf die finanzielle Unterstützung durch die reichsten Bürger Münchens angewiesen waren, mussten sie ihnen im Gegenzug immer häufiger Zugeständnisse machen. Wirtschaftsförderung war der herzogliche Ausglich für die anhaltende finanzielle Belastung der städtischen Finanzen. Die Patrizierfamilien, deren Einnahmen sich aus dem anhaltenden Salzhandel und zunehmend aus dem Ausbau des Italienhandels speisten, erlebten daher im 15. Jahrhundert durchaus auch lukrative Zeiten mit bislang ungeahnten Freiheiten. Der Fernhandel mit Tuchen, Wein und Silber florierte. Vermögen und Besitz brachten den Münchner Patriziern nun Sitze im Stadtrat. Die Familien Püttrich, Schrenk, Ridler, Tulbeck, Katzmair, Pötschner und Ligsalz bekleideten zum Teil jahrzehntelang wichtige Ämter, der Patrizier Heinrich Barth leitete den Ausbau der Kesselbergstraße. Die Familienwappen zierten fortan den Saal des Alten Rathauses.

Die unruhige Zeit der Landesteilungen endete schließlich mit dem Landshuter Erbfolgekrieg 1504. Mit einem Kontingent von fast 60.000 Mann erzwang der Münchner Herzog Albrecht IV.

(1447–1508) in landesweit verheerenden Schlachten das Erbe Landshuts. Die erforderliche kaiserliche Unterstützung hatte er sich viel kosten lassen: Die Gerichte Kufstein, Kitzbühl und Rattenberg musste Albrecht IV. an die Habsburger abtreten. Im Juli 1505 bestätigte Kaiser Maximilian I. im sogenannten Kölner Spruch, dass Oberbayern wieder mit Niederbayern vereint sei. Um konfliktträchtigen Landesteilungen ein für alle Mal vorzubeugen, erließ Herzog Albrecht IV. nur wenige Monate später das soge-nannte Primogeniturgesetz, wonach künftig immer der erstgebo-rene Herzogssohn Gesamterbe sein sollte. Für diese Maßnahme erhielt Albrecht IV. seinen Beinamen „der Weise", und München wurde Bayerns zentrale Residenzstadt und erlebte einen enormen wirtschaftlichen, künstlerischen und baulichen Aufschwung.

Albrecht IV. war ein vielseitig gebildeter Humanist und hatte in Italien studiert. Die Münchner nannten ihn wegen seiner Gelehr-samkeit den „Stubenschreiber und Federfuchser der Neuveste". In Kunstdingen tat sich sein Bruder Herzog Sigismund (1439–1501) als großzügiger Mäzen hervor. Als der Schnitzer Erasmus Grasser als junger Mann 1470 aus der Oberpfalz nach München kam, fand er eine Stadt im Wandel vor: Adel, Geistlichkeit, Bürger und Patrizier verlangten nach einer lebensnahen Kunst mit hoher Ausdrucks-kraft. Erasmus konnte ihren Wünschen gerecht werden und schuf Meisterwerke der Spätgotik. Berühmt sind sein Münchner Stadt-wappen und vor allem die Moriskentänzer: bunt gekleidete, arabisch anmutende Tänzerfiguren, die wild springend um die Gunst einer Dame werben. Ihr expressiver Stil ist kennzeichnend für die dyna-mische Aufbruchstimmung der Spätgotik. Sie zierten den Prunksaal des Alten Rathauses.

Das Alte Rathaus am Marienplatz wurde in den 1470er-Jahren vom Stadtmaurermeister Jörg von Halspach errichtet. Seine Bau-hütte war für Großaufträge im gesamten Stadtgebiet zuständig, so zum Beispiel für die Errichtung der Allerheiligenkirche am Kreuz, den Ausbau der Blutenburg und die heute überbaute Neue Veste, in der Herzog Albrecht IV. residierte. Jörgs Meisterwerk wurde jedoch die Frauenkirche, die größte Hallenkirche Süddeutschlands, die mit ihren charakteristischen Türmen zum Münchner Wahrzeichen wurde. Der Neubau ersetzte den kleineren Vorgängerbau, in dem einst das Kaiserpaar bestattet worden war. Baumeister Jörg stand oft der Stadtmaler Jan Polack zur Seite. Jan verzierte die neuen Türme und Tore Münchens, schuf hervorragende Altargemälde und war maßgeblich an der Ausgestaltung der Frauenkirche beteiligt. Die Grundsteinlegung der Frauenkirche durch Herzog Sigismund erfolgte 1468, und schon 1490 konnten ihre Glocken aufgehängt werden, 1494 wurde sie geweiht und 1524 bekamen ihre Türme schließlich die charakteristischen „welschen" Hauben aufgesetzt. Die extrem kurze Bauzeit wurde durch Ziegelbauweise erreicht. Die Münchner Herzöge forcierten den Bau – schließlich konnten die anderen bayerischen Residenzstädte wie Ingolstadt, Straubing, Landshut und Burghausen bereits mit beachtlichen Kirchen aufwarten. Vor allem aber galt es ein politisches Zeichen zu setzen: In den Jahren der entscheidenden Konkurrenz zwischen München und Landshut waren die sterblichen Überreste des seit über hundert Jahren verstorbenen Kaisers Ludwig IV. das einzige Argument, das wirklich für München als alleinige Residenzstadt sprach. Wie zu Zeiten des kaiserlichen Vorfahren sollte nur München Residenzstadt ganz Bayerns sein, und sichtbarer Ausdruck dafür wurde die gewaltige Grabeskirche. Elegante Streben bilden ein fantastisches Kreuzrippengewölbe über einer fünfschiffigen Kirche, deren Länge und Höhe dem imperialen Anspruch Münchens einen überwältigenden Anblick verleihen. Sicherlich, die Einwohnerzahl Münchens war inzwischen beträchtlich gestiegen, doch mit dem Seelenheil der Bevölkerung hatte die Dimension des Ausbaus der zweiten Pfarrei nur wenig zu tun. Als die finanziellen Mittel knapper wurden, erreichte Stadtpfarrer Balthasar Hundertpfund bei Papst Sixtus IV. in Rom einen Jubiläumsablass, eine völlige Vergebung der Sünden. Die eingenommenen Gelder aus der sogenannten „Großen Gnad" ermöglichten den Baufortgang, denn fast 150.000 Pilger kamen zwischen 1480 und 1482 nach München. Ablassgelder in Höhe von 15.000 Gulden konnten in dieser Zeit gesammelt werden und allein 270 Priester nahmen die Beichten ab. Schließlich wurde in Rotmarmor ein überdimensionales Grabmal für den unvergessenen Kaiser Ludwig IV. vor dem Hochaltar errichtet. Die Frauenkirche war damit unwiderruflich ein Symbol geworden, mit dem sich die Wittelsbacher als kaiserliche Familie empfahlen.

Die politische Realität war jedoch eine völlig andere: Ludwigs IV. Kaisertum lag inzwischen weit zurück und die bayerischen Herzöge besaßen nicht einmal eine Kurstimme, die sie zur Teilnahme an der Kaiserwahl berechtigt hätte. Durch die Landeseinigung von 1505 waren aber zumindest die Voraussetzungen für einen weiteren Aufstieg geschaffen worden. München hatte sich verändert und die Wittelsbacher waren Herrscher eines großen Territoriums geworden. Als Herzog Albrecht IV. im März 1508 starb und in der fast fertiggestellten Frauenkirche beigesetzt wurde, begann für München eine neue Zeit: Der Kampf um den rechten Glauben sollte bald das Geschehen in der Stadt, in Bayern und ganz Europa prägen.

HEILIGE UND HEXEN

Martin Luthers Schriften sorgen für Aufruhr. Im 16. Jahrhundert werden München und Bayern Bollwerke des Katholizismus. Die Wittelsbacher machen die Stadt zum Zentrum der Frömmigkeit, aber auch von Hexen- und Religionsverfolgung. Der Dreißigjährige Krieg trifft München wirtschaftlich und menschlich schwer, stärkt aber die Macht des Herzogs, der die Kurwürde erlangt.

Anfang des 16. Jahrhunderts bemühten sich Geschichtsschreiber und Künstler, Rang und Würde der Wittelsbacher Herzöge noch mehr Ausdruck zu verleihen. Interpretation und gewünschte Lesart standen dabei oft vor der historischen Wahrheit. Ein Beispiel sind die um 1520 von Johann Turmair, genannt Aventin, verfassten „Annales ducum Boiariae". Der Philologe und Hofhistoriograf lässt in seiner Historie des bayerischen Herzogtums die Wittelsbacher gar als die weltgeschichtlich bedeutendste Familie seit der Antike erscheinen. Wenige Jahre später beauftragten Herzog Wilhelm IV. (1493–1550) und seine Gemahlin Jakobäa von Baden den Regensburger Künstler Albrecht Altdorfer mit Historiengemälden für die Münchner Residenz. Abgebildet sind große Herrscher der Weltgeschichte, die Tugenden wie Tapferkeit, Klugheit, Ehre und Gerechtigkeit symbolisieren. Eines der Bilder ist die 1529 entstandene „Alexanderschlacht", die sich heute in der Alten Pinakothek befindet. Zwischen dem dargestellten Sieg Alexanders des Großen über die Perser und der politischen Gegenwart Wilhelms IV. bestand ein konkreter Bezug. 1529, zur Zeit als das Bild entstand, begann Wiens Belagerung durch die Türken und die Verteidigung des christlichen Abendlandes wurde zur dringlichsten Aufgabe im Deutschen Reich. Altdorfer stellte Alexander den Großen eindrucksvoll als Verteidiger der abendländischen Kultur dar und der Herzog sollte es ihm gleichtun.

Tatsächlich boten sich den bayerischen Herrschern des 16. Jahrhunderts viele Möglichkeiten, sich als große Kriegsherren und als Verteidiger traditioneller Werte zu zeigen, denn nicht nur gegen die Türken benötigte das kaiserliche Wien Bayerns militärische Unterstützung. Die Reformation fand nämlich immer mehr Anhänger und drohte den Reichszusammenhalt von innen aufzubrechen.

Als Martin Luther im Herbst 1510 auf seiner Reise nach Rom in München Station machte, soll er in der Augustinerkirche noch „gut päpstlich" gepredigt haben. Doch mit seiner Kritik am Ablasshandel und seinen Thesen in der Wittenberger Schlosskirche im Jahr 1517 wurde er zur führenden Persönlichkeit der Reformation. Aufgrund der von Johannes Gutenberg 1455 erfundenen Buchdruckkunst verbreiteten sich Luthers Schriften schnell und in hoher Anzahl. Auch bei dem Münchner Schriftsetzer Hans Schobser entstanden Flugblätter mit den Thesen und Reformforderungen Luthers. Die kirchenkritischen Ausführungen stießen in München auf großes Interesse. Sie wurden kontrovers diskutiert und sorgten selbst in den glaubensfesten Klöstern der Stadt für Gesprächsstoff. War nicht einiges wahr an der Kritik am Ablasshandel? Niemand konnte leugnen, dass ein Großteil der Frauenkirche nach diesem Prinzip finanziert worden war. Papst Leo X. betrieb den Ablasshandel offenbar zur Befriedigung seiner Prunksucht. War das Seelenheil der Gläubigen nur Nebensache? Das Feuer der Reformation hatte München ergriffen und drohte zum Flächenbrand zu werden. Unruhen waren zu befürchten.

Herzog Wilhelm IV. stellte sich konsequent auf die katholische Seite. Schon 1522 traf er sich mit seinem Bruder und Mitregenten Ludwig X. auf der südlich von München gelegenen Burg Grünwald und legte sich verbindlich auf die Ablehnung der Lehren Luthers fest. Diese Entscheidung brachte ihm den Beinamen „der Standhafte" ein. Die Politik des Herzogs bestimmte dessen Kanzler und Rat Leonhard von Eck, ein in Bologna studierter Jurist, scharfzüngiger Humanist und unerbittlicher Verteidiger der katholischen Sache, der in Luther einen unbelehrbaren Papstfeind sah. „Derweil ich leb, will ich allen Ketzern, Abtrünnigen, Zwiespältigen in unserm heiligen Glauben wider sein und wider sie streben nach meinem höchsten Vergnügen", ließ Eck verkünden. Der Kanzler reiste nach Rom und betrieb dort energisch den Erlass der Bulle „Exsurge Domine", die Luther 1520 den Kirchenbann androhte, der im Januar 1521 auch umgesetzt wurde. Mit äußerster Härte wollten Wilhelm IV. und Leonhard von Eck der Reformation ein Ende bereiten. Sie starteten einen Vernichtungszug gegen Luthers Anhänger, der zahlreiche Menschenleben aus allen Bevölkerungsschichten forderte. Rebellische Wortführer wurden eingesperrt, viele hingerichtet und reformatorische Schriften beschlagnahmt. Eck machte die Residenz zu einem Zentrum des Kampfes gegen Luther und führte zahllose Ketzerprozesse. Immer wieder wurde für Anhänger der neuen Lehre das Blutgerüst errichtet: Einen jungen Bäckersknecht, einen Prediger, einen Schmied, Anhänger der Täuferbewegung, Frauen und Männer traf die Todesstrafe. Viele Bekenner der neuen Glaubensrichtung sahen sich gezwungen, die Stadt zu verlassen.

All dies geschah in politischer Absprache mit dem Habsburger Kaiserhaus. Im Juni 1530 bereitete Wilhelm IV. dem soeben gekrönten Kaiser Karl V., in dessen Weltreich die Sonne niemals unterging, einen triumphalen Empfang in München. Im kaiserlichen Gefolge befanden sich ranghohe Vertreter von Reich und Kirche, darunter der kaiserliche Bruder König Ferdinand I. von Österreich, der Markgraf von Brandenburg, der päpstliche Gesandte und sieben Bischöfe. Für das Spektakel wurden weder Kosten noch Mühen gescheut: Allein 550 reich geschmückte Pferde gehörten zum Festzug, bei dem sich der bayerische Adel prunkvoll präsentierte. Der kaiserliche Besuch unterstrich eindrucksvoll den Zusammenhalt der katholischen Herrscherhäuser, der Habsburger und der Wittelsbacher. Zugleich bekräftigte er den gemeinsamen Willen zur Glaubenseinheit, worüber zeitgleich auf einem Reichstag zu Augsburg verhandelt wurde. Der Reichstag blieb jedoch erfolglos, denn der Kaiser konnte kaum Druck auf die protestantischen Fürsten ausüben. Karl V. kämpfte gegen Frankreich um die Vormachtstellung in Europa und gegen die anstürmenden Türken. Er war deshalb auf jegliche militärische Unterstützung angewiesen – auch auf Rückhalt bei den protestantischen Reichsfürsten. In dieser verzwickten Lage war es dem Kaiser unmöglich, sie zum Katholizismus zu bewegen oder gar zu zwingen. Statt einer Annäherung wurde ab 1530 die konfessionelle Spaltung im Deutschen Reich immer klarer. Die Eheschließung zwischen dem bayerischen Erbprinzen Albrecht und Anna von Österreich im Jahr 1546 untermauerte jedoch die Freundschaft zwischen den Wittelsbachern und Habsburgern, die uneingeschränkt für den Katholizismus standen.

Herzog Albrecht V. (1528–1579), der die Regierungsgeschäfte 1550 übernahm, ist Münchens früher Ruf als Kunststadt wesentlich zu verdanken. „Die bayerische Pracht" wurde durch sein Engagement zum geflügelten Wort. Als großer Kunstmäzen der Wittelsbacher – dem noch viele folgen sollten – ließ Albrecht V. schon bestehende Sammlungen durch Ankäufe und Aufträge vergrößern und die Werke systematisch inventarisieren. 1567 weihte er ein eigenes Kunstkammergebäude ein. Von den Augsburger Fuggern erwarb Albrecht V. eine umfangreiche Bibliothek. Sie wurde der Kernbestand der heutigen Bayerischen Staatsbibliothek und galt zu Albrechts V. Zeiten als eine der größten und bedeutendsten in Europa. Hans Jacob Fugger fungierte als Vorsteher der herzoglichen Kunstkammer. Die Hauskleinodien der Wittelsbacher, allesamt wertvolle Juwelierarbeiten, bildeten den eigentlichen Grundstock der Schatzkammer, die der Herzog mit weiteren Kostbarkeiten ausstattete. Für die Antikensammlung errichtete Bernhard Zwitzel das Antiquarium, den größten profanen Prunksaal der Renaissance. 270 Büsten antiker Herrscher und Staatsmänner verzieren die Wände des Saals, der sicherlich einer der repräsentativsten der Residenz ist. Am Münchner Hof entstand „(...) eine überaus prächtige

Schaubühne, die die Elementarstoffe und außergewöhnlichen Bilder aus der ganzen Welt (…)" umfasste, wie Bibliotheksvorstand Samuel Quiccheberg 1565 feststellte. Die Architekten und Künstler Albrechts V., der in der Hofhaltung des Lorenzo de Medici sein großes Vorbild sah, kamen insbesondere aus Italien und den Niederlanden, darunter Friedrich Sustris, Jacopo Strada und Peter Candid.

Neben den schönen Künsten interessierten Albrecht V. aber auch die praktischen und nützlichen Dinge. Vor allem die Bestandsaufnahme und -sicherung seines Herzogtums waren ihm wichtige Anliegen, für die er neueste wissenschaftliche Erkenntnisse anwenden ließ. So beauftragte er den Mathematiker und Geografen Philipp Apian mit der ersten Vermessung Bayerns. Dem in Paris studierten jungen Professor der Universität Ingolstadt gelang ein Meisterwerk der Kartografie. Seine Landkarte sollte erst nach 250 Jahren ihre Gültigkeit verlieren. Auch das detailgetreue Stadtmodell des Drechslermeisters Jakob Sandtner stammt aus jener Zeit. Es zeigt die Residenzstadt München im späten 16. Jahrhundert und wird mit Apians Karte im Bayerischen Nationalmuseum ausgestellt. Auch die weiteren bayerischen Residenzstädte ließ Albrecht V. detailgenau vermessen und von Sandtner umsetzen: Burghausen, Straubing, Ingolstadt und Landshut. Schließlich entstanden über einhundert Fresken sämtlicher bayerischer Orte und Märkte in den Fensternischen des Antiquariums der Münchner Residenz und schlossen dessen symbolisches Bildprogramm ab. Gestützt auf die antiken Militärkenntnisse und Justiz erhebt sich das Gewölbe des Antiquariums mit den Bildern der bayerischen Städte und wird überdacht von der langen Reihe allegorischer Herrschertugenden an der Decke des Raumes. Mit Ausweitung der Hofhaltung stieg die Zahl der Dienerschaft auf fast 900 Personen an. Der französische Rat Michel de Montaigne zeigte sich begeistert von der Pracht und dem Luxus am bayerischen Hof: „München hat ein schönes Schloss und schönere Stallungen, als ich je in Frankreich und Italien gesehen habe, gewölbt und zur Aufnahme von 200 Pferden bereit." Legendär waren auch die glanzvollen Feste unter Albrecht V., die für einen gewaltigen Schuldenberg sorgten, da dem Herzog nichts zu teuer war.

Im Februar 1568 richtete Albrecht V. eines der aufwendigsten Hochzeitsfeste der Renaissance aus: die Eheschließung seines Sohnes Wilhelm V. mit Renata von Lothringen. Die Verbindung hatte das Habsburger Kaiserhaus vorgeschlagen. Die Nacht vor ihrer Ankunft in München verbrachte Renata auf Schloss Dachau, der einstigen Fluchtburg der Wittelsbacher. Für ihren Kurzaufenthalt dort ließ der Herzog das Schloss eigens vergrößern und den Festsaal mit Wandteppichen und einer gewaltigen Holzkassettendecke ausstatten, die zu den größten Kostbarkeiten der bayerischen Renaissance zählt. Die eigentlichen Hochzeitsfeierlichkeiten dauerten 18 Tage und fanden trotz eisiger Temperaturen auf dem Schrannenplatz, im Alten Rathaus und in der Neuen Veste statt. Anwesend waren unter anderem Vertreter des Papstes, des Kaisers, des Königs von Spanien und der Königin von Polen. Die Herzöge von Tirol, der Steiermark und von Württemberg kamen persönlich und mit großem Gefolge. Hunderte Reiter geleiteten die Braut in ihre künftige Residenzstadt, die gar nicht alle hochadeligen Gäste aus allen Reichsteilen beherbergen konnte. Vor den Toren der Stadt mussten daher Zeltstädte errichtet werden. Noch über 300 Jahre später wurde das Spektakel der großen Hochzeit als Motiv für das Glockenspiel am Neuen Rathaus gewählt, das die Besucher Münchens täglich bestaunen.

Zu dieser denkwürdigen Hochzeit wurde Wein serviert, das damals noch übliche Getränk bei Volk und Adel. „Der gemeine Mann sitzt Tag und Nacht beim Wein, schreit, singt, tanzt, kartet, spielt", bemerkte der Geschichtsschreiber Aventin. Dagegen setzten sich der Siegeszug des Münchner Bieres und die damit verbundene neue Trinkkultur im 16. Jahrhundert erst allmählich durch. Frühes Zeichen für den starken Anstieg des Bierkonsums war eine landesherrliche gesetzliche Regelung der Produktion durch Wilhelm IV. im Jahr 1516. Der Herzog erließ das älteste heute noch gültige Lebensmittelgesetz der Welt: das bayerische Reinheitsgebot. Seither wird Bier in Bayern nur aus Wasser, Hopfen und Malz gebraut.

Weder die Pracht bei Hofe noch das klare Bekenntnis des Herzogs zum Katholizismus konnten von dem Problem der Glaubensspaltung ablenken. Im Gegensatz zur strengen Gesetzgebung seines Vaters versuchte Albrecht V. zunächst den katholischen Glauben in Bayern mit friedlichen Mitteln zu sichern. So beteiligte er am Landsberger Bund zur Friedenswahrung auch protestantische Reichsstände. Kurzzeitig ließ er sogar den Verkauf von Luthers Schriften zu, aber seine liberale Regierungsphase um 1550 war nicht von Dauer. Münchner Protestanten hatten erneut Schikanen zu erdulden. Beispielsweise wies man ihnen außerhalb der Stadtmauer, nahe dem Pestfriedhof, einen eigenen Gottesacker zu. Nach einem Erlass durften sie ihre Toten nicht mehr auf städtischem Grund beisetzen. Der Herzog ließ Buchläden nach ketzerischen Schriften durchsuchen und durch die herzoglichen Räte Religionsverhöre durchführen. Protestanten, die das Abendmahl in reformierten Städten wie Augsburg oder Ulm empfangen wollten, wurden diese Reisen zumeist verwehrt. Berittene Kontrolleure überwachten an Feiertagen die stadtauswärts führenden Straßen.

1559 holte Albrecht V. den erst 20 Jahre zuvor gegründeten Jesuitenorden nach München und machte ihn zum Wortführer des Katholizismus. Die Jesuiten galten als gewandte Rhetoriker, die dem Herzog hilfreiche Unterstützung bieten konnten, und auch der Papst stand im kontinuierlichen Austausch mit dem bayerischen Hof. 1564, ein Jahr nach dem Abschluss des Konzils von Trient, das die Katholiken auf ein einheitliches Vorgehen einschwören konnte, begann in Bayern die organisierte katholische Gegenbewegung. Das Schul- und Kirchenwesen wurde neu geordnet, alle Gymnasien wurden von den Jesuiten übernommen und die Staatsbeamten hatten von nun an auf das katholische Glaubensbekenntnis zu schwören, das sogenannte Tridentinum. Ab 1570 verließen wieder zahlreiche protestantische Bürger die Stadt. Mehr und mehr handelte es sich um Angehörige der Oberschicht und um Ratsmitglieder, die sich der zunehmenden Intoleranz geschlagen gaben. München verlor auf diese Weise auch beträchtliche Steuereinnahmen. 1577 ließ Albrecht V. die „Esther" aufführen, ein dreitägiges und 2.000 Darsteller zählendes Jesuitenspiel samt einer Prozession. Die Musik dieser eindrucksvollen Demonstration katholischen Glaubens komponierte der ehemalige päpstliche Hofkomponist Orlando di Lasso, den der Herzog zu seinem Hofkapellmeister machte und der als einer der bedeutendsten Komponisten des 16. Jahrhunderts gilt.

Als Wilhelm V. (1548–1626) nach dem Tod seines Vaters Albrecht V. im Jahr 1579 die Regierungsgeschäfte übernahm, erhielt er rasch den Beinamen „der Fromme", denn unter ihm steigerte sich die Religionspolitik zum Frömmigkeitswahn. 1585 wurde er in den Ritterorden vom Goldenen Vlies aufgenommen – die höchste und selten vergebene Auszeichnung der Habsburger. Ihre Wertschätzung für die Wittelsbacher war begründet, denn Wilhelm V. hatte dem Kaiser und dem Katholizismus im Kölner Krieg von 1583 militärisch beigestanden. Auslöser dieses Konflikts war der Entschluss des Kölner Erzbischofs zum Protestantismus überzutreten und dabei die Kurwürde zu behalten. Dieser Schritt hätte die Mehrheitsverhältnisse im Reich zugunsten der Protestanten verschoben und das katholische Kaiserhaus in arge Bedrängnis gebracht. Mit 3.000 Fußsoldaten und 1.000 Reitern zogen die Brüder des bayerischen Herzogs, Ferdinand und Ernst, gegen die Stadt Köln. Unterstützt von spanischen Kriegern erstürmten sie die Festung Godesberg, vertrieben den Erzbischof und konnten Köln dem Katholizismus sichern. Auch der Papst war den Wittelsbachern für diesen militärischen Erfolg zu Dank verpflichtet, denn er konnte als Mahnung an andere abtrünnige Bistümer im Reich dienen. Der Freisinger Bischof Ernst, Bruder Herzog Wilhelms V. und zugleich Bischof von Hildesheim und Lüttich, wurde nun auch zum Kölner Erzbischof ernannt. Diese Stellung sicherte der Papst den Wittelsbachern dauerhaft zu: Der jeweils zweitgeborene Sohn des bayerischen Herzogs wurde nun stets Erzbischof von Köln und konnte aufgrund seiner Kurwürde an der Kaiserwahl teilnehmen. Bis 1761, fünf Generationen lang, sollte diese Regelung Bestand haben und die Häufung geistlicher Pfründe wurde wichtiger Teil der Wittelsbacher Reichspolitik.

Bronzefigur des Erzengels Michael (1588) am Eingang der Michaelskirche.

Die Jesuiten nannten sich die „Soldaten Christi", waren entsprechend militärischer Strukturen organisiert und schworen ihrem Ordensgeneral und dem Papst bedingungslosen Gehorsam. Ihr Einfluss auf Herzog Wilhelm V. war immens. Gemeinsam mit seiner Gemahlin, Herzogin Renata von Lothringen, war er von der brillanten Predigt- und Lehrtätigkeit der Jesuiten zutiefst überzeugt. Hatten die ersten Münchner Jesuitenpatres im Augustinerkloster an der Neuhauserstraße Quartier bezogen, begann Herzog Wilhelm V. nun das Stadtbild Münchens für die Jesuiten und ihre bestimmende Stellung am Hof nachhaltig umzugestalten.

Gegen den Willen der Bürgerschaft ließ der Herzog einen großen Häuserkomplex entlang der heutigen Neuhauserstraße abtragen, um dort die Jesuitenkirche St. Michael samt großzügigem Kolleg errichten zu lassen. 1583, noch während des Kölner Krieges, wurde mit dem Bau begonnen. Das Kolleg erhielt einen direkten

Verbindungsgang zur ebenfalls neu errichteten Wilhelmsburg, der späteren Herzog-Max-Burg, die der Herzog als Alterssitz für sich und seine Gemahlin in Auftrag gegeben hatte. Die Jesuiten konnten somit ständigen Kontakt zum Hof halten und dienten als Berater, Prinzenerzieher und Beichtväter.

Bereits 1597 konnte die Michaelskirche mit aufwendigem Zeremoniell eingeweiht werden. Sie ist die größte Renaissancekirche nördlich der Alpen und besitzt nach dem Petersdom das zweitmächtigste Tonnengewölbe der Welt. Ihre dreigeschossige Hauptfassade mutet militärisch an: Wie in einer pyramidenförmigen Schlachtordnung treten dort die Figuren der Wittelsbacher Herrscher auf, angeführt von den Herzögen Albrecht V. und Wilhelm V. Sie stehen oberhalb der monumentalen Figur des Erzengels Michael, der gleichsam als Verteidiger des rechten Glaubens die Wittelsbacher in ihrem Kampf für den Katholizismus zu leiten scheint.

Neben dem Heiligen Michael wählten die Wittelsbacher den Heiligen Georg als weiteren Schutzpatron. Michaels und Georgs Ringen mit Luzifer und dem Drachen versinnbildlichte den Kampf Gut gegen Böse – nach herzoglicher Lesart Katholizismus gegen Protestantismus. Der neue Kölner Erzbischof Ernst, Bruder des bayerischen Herzogs Wilhelm V., sandte Reliquien des Drachentöters von Köln nach München. Nach Entwürfen von Friedrich Sustris ließ der Herzog für sie einen edelsteinverzierten Reliquienschrein von höchster Kunstfertigkeit herstellen. Diamanten, Achate, Rubine, Opale, Perlen und andere Edelsteine zieren die Statuette aus Gold und Email. Dabei trägt die kleine Reiterfigur des Heiligen Georg unter ihrem Helm die Gesichtszüge Wilhelms V. – der Auftraggeber machte sich damit selbst zum Drachentöter und übernahm die Rolle des Verteidigers des katholischen Glaubens. Das St.-Georg-Reliquiar ist heute ein besonderer Höhepunkt der Schatzkammer der Residenz.

Als sich in protestantischen Teilen des Deutschen Reiches Bilderstürme und Kirchenplünderungen ereigneten, gelangten zahlreiche Reliquien zur sicheren Verwahrung nach München, so auch die Gebeine des Heiligen Benno von Meißen. Martin Luther hatte 1523 die Reliquienverehrung an Bennos Beispiel kritisiert. „Wider den neuen Abgott und allten Teuffel, der zu Meyssen soll erhoben werden", lautete der Titel von Luthers Kritikschrift, die zu heftiger Polemik zwischen dem Reformator und Vertretern der katholischen Kirche geführt hatte. Dass gerade diese Reliquien nach München gelangten, wurde dort als Triumph über das protestantische Sachsen gefeiert. Unter großem Glockengeläut wurden die Gebeine Bennos in einem Festzug durch München geführt. Das sechsspännige Fuhrwerk erreichte die Frauenkirche, wo ein Portal eigens dem neuen Heiligen geweiht wurde und bald ein mächtiger Triumpfbogen den Hochaltar überspannte – der Benno-Bogen, in dem die Reliquien zur Anbetung aufgestellt wurden. Benno, der als Bischof des 11. Jahrhunderts niemals in Bayern war, wurde nun im Zuge der antiprotestantischen Politik und Propaganda zum Schutzpatron Münchens und Landespatron Bayerns erhoben, wo bis heute am 16. Juni sein Namenstag mit gebührenden Ehren begangen wird.

Die Religionskrise und die Frömmigkeitsbewegung steigerten sich ins Extreme und erfassten alle Bevölkerungsschichten. Der strenge und religiös fundierte fürstliche Absolutismus verlangte bedingungslosen Gehorsam. Das triumphale Tonnengewölbe der Jesuitenkirche St. Michael wurde sinnbildlich zum Dach über einer einheitlich katholischen Bevölkerung. Keine Säulen, keine Nischen unterbrachen die Raumstruktur: ein Glaube, eine Gemeinde, angeführt vom Herzog selbst, der für sich und seine Gemahlin St. Michael zur Grabeskirche bestimmte und im Altarraum ein gewaltiges Mausoleum plante. Ausnahmen gab es nicht. Zwischen 1575 und 1591 gab es in München über 40 Hinrichtungen wegen „religiöser Delikte", zu denen beispielsweise auch Störungen von Gottesdiensten gezählt wurden. 1590 äußerte sich der Fanatismus auf besonders grausame Weise, als auf herzogliche Anweisung die ersten Hexenprozesse stattfanden. Eine Pestwelle und Preiserhöhungen bei den Grundnahrungsmitteln verunsicherten das Volk – die Hexenprozesse katalysierten seine Nöte. Die Verfolgungswelle erfasste Franken, Bayern, Schwaben, die Hochstifte Augsburg und Freising. Bald schon wurden die „Hexen" für alle Übel und unerklärlichen Dinge verantwortlich gemacht. Schuldige mussten nicht lange gesucht werden. Man denunzierte unliebsame Mitmenschen mit absurden Vorwürfen: Buhlschaft mit dem Teufel, Leichenraub, Leichenschändung, Hostienentweihung und Hexerei waren häufige Anklagepunkte. Ein Turm der Münchner Stadtmauer wurde eigens in ein Hexengefängnis umfunktioniert. Der Kelheimer „Hexenhammer", ein umfassendes Kompendium über Hexenwesen und seine Bekämpfung, fand weite Verbreitung und sollte noch zwei Jahrhunderte lang das allgemeine Rechtsdenken beeinflussen. Die Richter wohnten den Folterungen bei, mit denen die Ange-klagten zu Geständnissen gezwungen wurden. Im Jahr 1600 gaben sechs Insassen des Münchner Hexenturms unter Folter zu, mit einer Teufelssalbe 400 Menschen getötet und weitere Verbrechen verübt zu haben. Die Gefolterten wurden vor den Stadtmauern verbrannt – sie blieben nicht die einzigen Opfer des Fanatismus jener Zeit. In den genannten Gebieten wurden in den 1590er-Jahren Hunderte ermordet, in ganz Europa sollten es bald Tausende sein.

Gesteigerte Marienfrömmigkeit werde dem Treiben der dunklen Mächte Einhalt gebieten, lautete die Überzeugung Herzog Maximi-lians I. (1573–1651). Zunächst regierte er gemeinsam mit seinem Vater Wilhelm V., doch ab 1597 führte er die Regierungsgeschäfte allein. Er machte die Residenz zum Zentrum des Marienkultes und platzierte 1616 eine bronzene Madonna mit der Inschrift „Patrona Bavariae" über dem Eingang. Maria als Siegerin über allen Übels, die Schlange des Unglaubens zertretend, triumphierend mit Zepter und Krone ausgestattet, nicht mehr leidende Pietà, sondern erhabene Himmelskönigin, wurde fortan zum Leitbild und Symbol Wittels-bacher Politik. Wer immer einen diplomatischen Empfang in der Residenz hatte, konnte bereits am Eingang den alles bestimmenden katholischen Leitgedanken der landesherrlichen Politik erfassen. „Maria himelkhönigin / der gantzen welt ein herscherin / (...) du herzogin in Bayrn bist / das herzogthumb dein eigen ist / (...) halt dein schutzmantl ausgespannt / über das ganz Bayerland / dich München gar im hertzen hat / dein Kirch steht mitten in der Statt", lautete eines der Gebete, die nun eigens verfasst wurden. Maria wurde bayernweit eine herzoglich „verordnete", in dieser Inbrunst bislang unbekannte Verehrung zuteil.

Maximilian I. selbst war einer der entschiedensten Marien-verehrer. Nächtelang betete er in seiner Privatkapelle umgeben von zahllosen Reliquien, die die Kammern der Residenz füllten und zu einer der umfangreichsten Reliquiensammlungen überhaupt anwuchsen. Viele Gläubige unternahmen Wallfahrten, insbesondere nach Altötting, das der Herzog zu einem Zentrum der Marien-verehrung machte, nachdem sich dort wiederholt Wunderheilungen zugetragen haben sollen. Der Herzog entschied, dass sein Herz nach seinem Tod in Altötting beigesetzt werden soll. Bis zum Ende ihrer Herrschaft im 20. Jahrhundert folgten alle Wittelsbacher seinem Beispiel. 1637 ließ Maximilian I. eine Mariensäule auf dem Münchner Schrannenplatz aufstellen und stiftete eine große Dank-prozession, die rund 150 Jahre lang am Sonntag nach Allerheiligen stattfand. Doch trotz des Marienkultes fühlte sich niemand von den dunklen Mächten befreit. Erst 1701 erlosch der letzte Scheiterhaufen vor den Toren der Stadt.

Doch Maximilian I., wegen seiner späteren militärischen Erfolge „der Große" genannt, plagten massive Finanznöte. Die leeren Kassen waren auch eine Folge der Bautätigkeit seiner Vorgänger. Die Inflation war enorm und die Versorgung der Bevölkerung mit dem Lebensnotwendigsten nicht mehr gewährleistet. Der Herzog ordnete daher eine Verwaltungsreform und eiserne Sparsamkeit zur Sanierung der Staatsfinanzen an, schränkte sich in seiner Hof-haltung jedoch nicht ein. Um die Residenz ganz im Stile seiner Vorgänger weiter vergrößern zu können, ließ er die Steuern erhö-hen. Riesige Raumfolgen mit Gemälden, Bildteppichen, Stuckreliefs und die majestätische Kaisertreppe entstanden. Die Münchner Residenz wurde zum größten Renaissanceschloss im damaligen Heiligen Römischen Reich, was der politischen Bedeutung Bayerns am Vorabend des Dreißigjährigen Krieges durchaus entsprach. Die Privatgemächer des Herzogspaares waren gleich mit mehreren Privatkapellen ausgestattet, darunter auch die Reiche Kapelle, zu deren kostbarer Ausstattung die wertvollsten Reliquien aus dem Schatz Maximilians I. zählten. Diese „capella pretiosa" wurde der geistige Mittelpunkt der neuen Residenz.

Der auf Einnahmen erpichte Herzog wusste, dass Salz noch immer die höchsten Gewinne versprach. Das hatte bereits sein Vater erkannt und alle einst gewährten Salzrechte wieder an sich gerissen. Seit 1587 war der Salzhandel wieder Staatsmonopol. 1611 führte Maximilian I. gegen den Salzburger Erzbischof Krieg, durch den der bayerische Salzhandel bis nach Böhmen ausgeweitet werden konnte, was die herzoglichen Einkünfte zusätzlich vermehrte. Nach dem Salzburger Krieg erreichten jährlich fast 20.000 Salzfuhrwerke München und stapelten ihre Ladung in den Stadeln am Promenadeplatz.

Doch die größten Investitionen Maximilians I. betrafen die Rüstung und die Kriegsvorbereitungen. Überall im Reich rechnete man mit einer militärischen Auseinandersetzung um den rechten Glauben und um Macht und Einfluss. 1609 gründete Maximilian I. die Katholische Liga als Gegenbewegung zur Protestantischen Union und wurde Bundesoberst dieser Kampfgemeinschaft. Gegen den Widerstand des Münchner Magistrats ließ er die Stadtmauern verstärken, Militärübungen abhalten und aufrüsten. Die Münchner Bürgerwehr wuchs auf etwa 4.000 Mann. Für die immense Summe von zwei Millionen Gulden begann man auf Maximilians I. Geheiß, außerhalb der bestehenden Stadtmauer einen weiteren Verteidigungswall und zackenförmige Bastionen zu errichten. Sämtliche Torzufahrten wurden militärisch noch stärker gesichert. Allerorten wartete man auf den Auslöser des Konflikts. Mit dem „Prager Fenstersturz" im Mai 1618 nahm ein Krieg seinen Anfang, von dem zu diesem Zeitpunkt niemand ahnen konnte, dass er dreißig Jahre dauern und ganz Europa verändern würde.

Im November 1619 wurde der Anführer der Protestantischen Union und König von Böhmen, Kurfürst Friedrich V. von der Pfalz, zum Gegenkönig gewählt. Der Anfang des Krieges wurde so zu einer Familienangelegenheit, denn Friedrich V. und Maximilian I. waren Wittelsbacher aus unterschiedlichen Linien, der Kurpfälzer und der bayerischen Linie. Auch Bayern wurde zum Schauplatz der böhmisch-pfälzischen Kriegsphase. Zunächst stand das Schlachtenglück auch auf Bayerns Seite. Die von Generalleutnant Graf Johann Tserclaes von Tilly geführten katholischen Heere besiegten 1620 bei Prag die protestantischen Truppen Friedrichs V. und sicherten den Habsburgern das Königreich Böhmen. Der Kaiser übertrug dafür die Pfälzer Kurwürde an Bayern und machte München damit zur kurfürstlichen Residenzstadt. Als Kurfürsten zählten die bayerischen Wittelsbacher nun zum engen Kreis der Kaiserwähler. Außerdem wurde ihnen das Reichsvikariat verliehen, das sie zu kaiserlichen Stellvertretern im gesamten Reich machte. Maximilian I. sah sich nun noch mehr als Kriegsfürst, als Herrscher im düsteren Harnisch, wie er sich häufig auf Gemälden darstellen ließ.

Der 60-jährige Tilly, geboren in Brabant, von den Jesuiten streng katholisch erzogen, kriegserfahren in spanischen und kaiserlichen Diensten, wurde für Jahre zum bestimmenden Militär des bayerischen Herzogs und der katholischen Liga. Nach der Schlacht am Weißen Berg besiegte Tilly auch Herzog Christian von Braunschweig und betrieb in Niedersachsen unerbittlich die Rekatholisierung der protestantischen Bistümer und Klöster. Die Siege der katholischen Heere und die Freude der Wittelsbacher über ihren Prestigegewinn sollten nicht lange währen. 1630, nach zwölf Kriegsjahren, landeten die Truppen des Schwedenkönigs Gustav II. Adolf, des „Löwen aus dem Norden", auf der Ostseeinsel Usedom und standen 1632 bereits bedrohlich nahe an der Donau. Wollte Tilly durch die Erstürmung Magdeburgs den Protestanten ein warnendes Beispiel geben, welche grausamen Konsequenzen eine Unterstützung Gustav Adolfs für sie hätte, erreichte er genau das Gegenteil. Das furchtbare Massaker an über 20.000 Menschen und die Plünderung der Stadt lösten eine Panik aus und öffneten dem Schwedenkönig den Zugang nach Süden. Während sich die Städte oftmals Schonung erkaufen konnten, war die Landbevölkerung den Soldaten völlig schutzlos ausgeliefert. Das Elend der Bauern, die kaum produzieren und ernten konnten, verursachte wiederum Hungersnöte in den Städten.

Das Kurfürstentum Bayern stand Gustav Adolfs Truppen offen. Das durch Erschöpfung und Verluste geschwächte bayerische Heer konnte nicht verhindern, dass die Schweden ab April 1632 München belagerten. Der Schutzwall um die Stadt war erst halb fertiggestellt und die alten Stadtmauern hielten den Kanonenangriffen nicht stand. Herzog und Adel konnten sich noch rechtzeitig nach Salzburg in Sicherheit bringen, wohin auch ihre Reichtümer und die Kirchenschätze transportiert wurden. Die Münchner hatten die Kosten der schwedischen Besatzung aufzubringen. Jedes Haus erhielt Einquartierungen, während sich die Hauptarmee vor den Mauern niederließ. Kniefällig musste der Münchner Magistrat die Stadtschlüssel an die Schweden übergeben. Am 17. Mai 1632 zog König Gustav II. Adolf, begleitet von Pfalzgraf Friedrich V., dem ehemaligen Gegenkönig, und weiteren protestantischen Reichsfürsten feierlich durch das Isartor in München ein. Er nahm in der bislang erzkatholischen Residenz Quartier – ein Höhepunkt in der militärischen Laufbahn des Schwedenkönigs.

Gustav II. Adolf forderte die enorme Summe von 300.000 Reichstalern als Lösegeld und nahm 42 Bürger als Geiseln, da diese Summe von der Stadt nicht einmal durch die Plünderung des Notgroschens für die Armen aufgebracht werden konnte. Die Panik war groß, München könne das gleiche Schicksal erfahren wie Magdeburg, doch der Schwedenkönig befahl, dass Leben und Eigentum der Bevölkerung von seinen Soldaten nicht angetastet werden dürften. Tatsächlich blieben Plünderungen die Ausnahme und selbst die Geiseln wurden wieder aus schwedischer Haft entlassen. In ihrem Auftrag fertigte Matthias Kager ein großes Votivbild für die Wallfahrtskirche Maria Ramersdorf, das die dankbaren Stifter unter dem Schutzmantel der Patrona Bavariae zusammenführt. Gleichwohl sorgte der Kriegszustand weiter für große Not, Elend und Hunger. Die Lazarette waren überfüllt und die Situation im belagerten

München wurde 1634 zusätzlich durch eine verheerende Pestwelle verschärft. Über 7.000 Leichen wurden auf dem Pestfriedhof verscharrt, fast ein Drittel der Bevölkerung.

1637 konnte Süddeutschland durch das katholische Heer zurückerobert werden. Münchens Belagerung endete mit dem Einzug der kaiserlichen Truppen, und auch Kurfürst Maximilian I. bezog wieder die Residenz. Aus Dank für die Rettung der Stadt ließ er die bereits erwähnte Mariensäule auf dem Schrannenplatz aufstellen, dem heutigen Marienplatz. Die Säule, ein Votivgeschenk des Kurfürsten an die Gottesmutter, wird von vier bronzenen Putti umringt, welche die schlimmsten Übel bekämpfen: Hunger (Drache), Krieg (Löwe), Pest (Basilisk) sowie Ketzerei und Unglaube (Schlange).

Doch der Krieg kehrte noch einmal zurück. Von geordneten, kalkulierbaren Schlachten konnte längst nicht mehr die Rede sein: Räuberhorden zogen durch die Lande und kämpften jeweils für die Seite, die sie am besten bezahlte – um die Glaubenszugehörigkeit scherte sich längst kein Soldat mehr. Das machte das Kriegsgeschehen immer verworrener und zog es endlos in die Länge. Im Oktober 1648 fand im Münchner Norden die endgültig letzte Schlacht zwischen Bayern und Schweden statt. Im gleichen Jahr führten die bereits seit 1644 in Münster und Osnabrück laufenden Verhandlungen zum Erfolg: Nach 30 Jahren herrschte wieder Frieden in Europa – und eine neue politische Ordnung.

Maximilian I. ging mit dem Gewinn der Oberpfalz und durch die Kurwürde gestärkt als politischer Sieger aus dem Krieg hervor – das Kurfürstentum Bayern war zu einer europäischen Mittelmacht geworden. Der Preis dafür war allerdings immens: Die Einwohnerzahlen Bayerns und Münchens waren um mehr als ein Drittel gesunken, die Stadt war voller Flüchtlinge, das Handwerk lag am Boden und die Versorgungslage war miserabel. 900 Dörfer und Städte Bayerns waren ausgeplündert und niedergebrannt worden. „Ach, wie vil arm unschuldig leith, viel wittiben und waisen, die mießen in der bitterkheit, im ellenth umher raisen", lautet ein Klagelied von 1648.

Der bayerische Kurfürst, der als einziger europäischer Herrscher den Dreißigjährigen Krieg komplett gestaltend miterlebt und überlebt hatte, starb 1651 bei Ingolstadt – bezeichnenderweise auf einer Pilgerfahrt. Eine Zeit völliger politischer Umorientierung sollte folgen: Für Bayern wurde bald das absolutistische Frankreich interessant – der Erzfeind der Habsburger.

GEPLATZTE TRÄUME

München im Zeitalter des Absolutismus

Bayern ist in zahlreiche europäische Erbfolgekriege verstrickt. Je nach Lage wählen die Fürsten die Allianz mit den Habsburgern oder den Bourbonen. Maximilian II. Emanuel gewinnt als Kriegsherr an Ansehen, muss aber seine Hoffnungen auf das Erbe des Spanischen Weltreiches aufgeben. Die Österreicher besetzen München. Während das einfache Volk Not leidet, halten Barock und Rokoko prachtvoll Einzug in der Stadt, die unter Karl VII. ein zweites Mal zur Kaiserstadt wird.

Schon am Ende des 17. Jahrhunderts tobten in Mitteleuropa wieder heftige Kriege. Fast 100 Jahre lang rangen insbesondere Frankreich und Österreich, das Haus der Bourbonen und das Haus Habsburg, um die Vorherrschaft in Europa, und das Kurfürstentum Bayern lag geografisch zwischen beiden Kontrahenten. Das Ende des Dreißigjährigen Krieges stellte also keineswegs den Auftakt einer dauerhaften Friedensära dar. Krieg wurde vielmehr das charakteristische Merkmal Europas im Zeitalter des Absolutismus. Die herrschenden Dynastien waren familiär so intensiv miteinander vernetzt, dass jede „biografische Krise" oder ungeregelte Thronfolge eine ganze Fülle von Ansprüchen anderer Herrscherhäuser auslöste. An die Stelle der Glaubenskriege traten bald die Erbfolgekriege, an denen die Wittelsbacher fast immer beteiligt waren, und Münchens Geschichte wurde noch stärker als bisher von den dynastischen Entwicklungen in Europa bestimmt.

Frankreichs Aufstieg zur dominierenden Großmacht zwang Bayern, sich einer neuen politischen Situation zu stellen. Die Wittelsbacher wollten ihre Anlehnung an die Bourbonen verstärken, ohne dabei auf die traditionell guten Beziehungen zu den Habsburgern zu verzichten. Bayerns Diplomatie musste zum Balanceakt werden. Geheime Kabinettspolitik prägte den Münchner Regierungsstil und mit wechselnden Allianzen und zum Teil sprunghaften Entscheidungen versuchte man, die jeweils vorteilhafte Verbindung einzugehen. Die Heiratspolitik, mit der die Wittelsbacher in der Vergangenheit schon oft Erfolge hatten verbuchen können, wurde wesentlicher Teil ihrer Schaukelpolitik zwischen Wien und Paris.

Mit dergleichen Bemühungen hatte bereits Kurfürst Maximilian I. begonnen. 1635, noch während der Schwedenkriege in Bayern, hatte der 62-Jährige die erst 25-jährige Erzherzogin Maria Anna von Österreich geheiratet. Als Tochter Kaiser Ferdinands II. war sie eine hervorragende Partie, weil sie nicht auf ihre österreichischen Erbansprüche verzichten musste. Für seinen Sohn aus dieser Ehe, den späteren Kurfürsten Ferdinand Maria, arrangierte Maximilian I. jedoch eine Eheverbindung, die Bayerns neue Anlehnung an Frankreich demonstrieren und festigen sollte. Er wählte die Enkelin König Heinrichs IV. von Frankreich und Kusine des Sonnenkönigs Ludwig XIV.: Henriette Adelaide von Savoyen. Bayerns verwandtschaftliche Beziehung zu beiden Großmächten war somit hergestellt.

Henriette Adelaide und Ferdinand Maria (1636–1679) begegneten sich erstmals im Juni 1652 in München. Das junge Paar war zu diesem Zeitpunkt bereits seit einem Jahr vermählt, denn ihre Trauung hatte in Abwesenheit durch Stellvertreter stattgefunden. Die erst 15-jährige Henriette vermisste schon bald das heitere höfische Treiben mit Turnieren, Festessen und Musik, das sie aus ihrer Heimatstadt Turin kannte. Die Atmosphäre am Münchner Hof war völlig anders, denn dort prägten das spanische Hofzeremoniell und die strenggläubigen Jesuiten das Leben. Die Wesensarten des Prinzenpaares hätten nicht unterschiedlicher sein können.

Maximilian I. war noch vor der Ankunft seiner Schwiegertochter in München gestorben. Nach seinem Tod 1651 übte seine Witwe

Maria Anna stellvertretend die Regierungsgeschäfte für den noch minderjährigen Thronfolger Ferdinand Maria aus. Als Habsburgerin war sie eine entschiedene Vertreterin österreichischer Interessen und beobachtete argwöhnisch Frankreichs zunehmenden Einfluss am Münchner Hof. Als Herzogin Maria Anna ihre Schwiegertochter in der Residenz begrüßte, reichten sich Österreich und Frankreich vertreten durch die beiden Damen die Hände. Und zwischen seiner Habsburger Mutter und seiner bourbonischen Gemahlin stand der minderjährige Thronfolger.

Als Ferdinand Maria 1654 schließlich die Regierungsgeschäfte übernahm, war es ihm sogleich ein wichtiges Anliegen, eine Balance zwischen Österreich und Frankreich zu finden. Durch Besuche der Kaiser Ferdinand III. (1653) und Leopold I. (1658) in München konnte er die alte, atmosphärisch aber stark abgekühlte Allianz mit den Habsburgern neu beleben. Selbst Maria Anna, die Mutter des Kurfürsten, war nun wieder versöhnt. Unter Ferdinand Marias Regentschaft konnten sich Bayern und München zusehends von den Folgen des Dreißigjährigen Krieges erholen und erlebten einen merklichen wirtschaftlichen Aufschwung. Bald erhielt der Kurfürst den Beinamen „der Friedfertige", denn drei friedliche Jahrzehnte sollten nun folgen. Gleichzeitig war man am Hof besorgt, denn seit Henriette Adelaides Ankunft in München sehnte man die Geburt eines Thronfolgers herbei. Erst nach neun kinderlosen Ehejahren wurde dem Herrscherpaar eine Tochter geboren, der sie den Namen der Großmutter, Maria Anna, gaben.

Der erhoffte männliche Thronerbe jedoch ließ weiter auf sich warten. Adelaide und Ferdinand waren einem ungeheuren Druck ausgesetzt: Jahrelang erflehten sie Gottes Hilfe, pilgerten unzählige Male zur Altöttinger Marienkapelle, folgten den Gebetszügen zur Mariensäule auf dem Schrannenplatz und hörten an kirchlichen Feiertagen mehrere Messen hintereinander. Endlich, im Juli 1662, kam der ersehnte Sohn zur Welt, Maximilian II. Emanuel (1662–1726).

Aus Dank an Gott beauftragte das Kurfürstenpaar den Architekten Agostino Barelli aus Bologna mit der Errichtung einer

Hofkirche, die mit ihren 75 Meter hohen Türmen und ihrer mächtigen Kuppel das Münchner Stadtbild seither deutlich prägt: die sogenannte Theatinerkirche am Odeonsplatz. Ihr korrekter Name St. Kajetan bezieht sich auf den Schutzheiligen des Hauses Savoyen und Gründer des Theatinerordens. Der junge Reformorden kam auf Wunsch der Kurfürstin nach München.

Weiterhin schenkte der überglückliche Kurfürst seiner Gemahlin ein Grundstück außerhalb der Stadt, auf dem sich Henriette Adelaide ein Lustschloss erbauen ließ. Architekt des kleinen Schlösschens, das bald riesige Ausmaße erreichen sollte, wurde zunächst wiederum Barelli, den später der Graubündener Enrico Zuccalli ablöste. Zuccalli wurde Hof- und schließlich Oberhofbaumeister. Ihm folgte wiederum Antonio Viscardi im Amt. Es waren also überwiegend italienische Architekten, die Henriette Adelaide nach München kommen ließ und die der Stadt ein barockes Antlitz verliehen. Überreicher Figurenschmuck und geschwungene Formen verzierten bald viele Fassaden und Innenräume neuer Bauten. In München etablierte sich eine Kolonie italienischer Maler, Architekten, Bildhauer, Stuckateure, Literaten und Musiker, darunter Ercole Barnabei und Agostino Stefani, die mit zahlreichen Aufträgen bedacht wurden.

In ihrem Lustschloss wollte Henriette den „heiteren Zauber" des Turiner Hofes nachempfinden, den sie in der Münchner Residenz so vermisste, und nannte es „Borgo delle Ninfe" – Nymphenburg. Schloss Nymphenburg sollte Zentrum der neu entdeckten Fröhlichkeit am bayerischen Hofe werden, wo nach der lang ersehnten Geburt des Thronfolgers regelrecht Gelassenheit einkehrte: Die steife Atmosphäre wurde allmählich lockerer und die glanzvolle „Perückenzeit", abgeschaut vom französischen Hofzeremoniell, begann die strenge spanische Etikette abzulösen.

Die musisch begabte Kurfürstin besuchte nun regelmäßig Aufführungen im neu gestalteten Opernhaus am Salvatorplatz, das heute nicht mehr erhalten ist. Oft reiste der Hof an den damals noch „Fürstensee" genannten Starnberger See südlich von München. Dort unterhielten die Wittelsbacher ein gewaltiges

Schloss Nymphenburg auf einem Gemälde Bernardo Bellottos (genannt Canaletto) von 1761.

zweigeschossiges, vollkommen vergoldetes Prunkschiff, Bucintoro genannt. Das ausschließlich für Feste genutzte Schiff galt als „Wunderwerk" der kurfürstlichen Flotte und war dem Paradeschiff des Dogen von Venedig nachempfunden. Zwischen den Anlegestellen der Schlösser Berg, Starnberg und Possenhofen und begleitet von zahlreichen Beibooten genoss die kurfürstliche Familie Jagden, Tanz und Feuerwerke.

Nymphenburg befand sich noch in der Erbauung, als die heitere Zeit ein tragisches Ende fand, denn Henriette Adelaide starb 1676 an den Folgen eines Brandes in der Stadtresidenz. Man bestattete sie in der Gruft der ebenfalls noch unvollendeten Theatinerkirche. Kurfürst Ferdinand Maria wurde nach dem Tod seiner Gemahlin melancholisch, zog sich vom prunkvollen Münchner Hofleben zurück und übersiedelte in das Alte Schloss Schleißheim außerhalb der Stadt. Dort starb er im Jahr 1679 im Alter von nur 43 Jahren.

Neuer Herrscher wurde der 18-jährige Maximilian II. Emanuel (1662–1726), genannt Max Emanuel, dessen Geburt einst so lange herbeigesehnt worden war. Von Beginn seiner langen Regentschaft an verfolgte er einen völlig anderen Politikstil als sein friedliebender

Vater. Mit Henriettes Adelaides Tod hatten die Wittelsbacher die direkte familiäre Verbindung zu den Bourbonen verloren. Schon 1680 wurde sie durch die Ehe von Max Emanuels älterer Schwester Maria Anna mit dem Grand Dauphin Louis von Frankreich, Sohn Ludwigs XIV. und französischer Thronfolger, wiederhergestellt. Ein fantastischer politischer Erfolg des jungen Kurfürsten. Auch diese Trauung wurde in Abwesenheit des Bräutigams vollzogen, den Max Emanuel vertrat. Gleichzeitig läuteten die Hochzeitsglocken der Münchner Frauenkirche und von Notre Dame in Paris.

Nachdem Maria Anna an den Hof des Sonnenkönigs in Versailles übergesiedelt war, begann auch der bayerische Kurfürst dessen absolutistischen Herrschaftsstil hingebungsvoll zu kopieren. Max Emanuel war – genau wie der Bourbonenkönig – ein echter Barockfürst: leidenschaftlicher Jäger, mächtiger Feldherr, Kunstfreund und Liebhaber der Frauen. „Das Evangelium der Liebe ist die Abwechslung", verkündete er. Schloss Nymphenburg machte er zur repräsentativen Sommerresidenz, ordnete die Errichtung der Schlösser Schleißheim und Fürstenried an und ließ Schloss Dachau weiter ausbauen. In den Park- und Schlossanlagen fanden Jagden, Ballspiele, Musikaufführungen und Feste statt. Oft reiste er mit Hofgesellschaften von Schloss zu Schloss und nutzte dazu ein eigens angelegtes Kanalsystem, das die Besitzungen im Münchner Norden zum Teil miteinander verband.

Der Bruder des Kurfürsten, der Kölner Erzbischof und Kurfürst Joseph Clemens, der lieber Soldat als Geistlicher geworden wäre, diente seinem Bruder als wichtiger Berater in der Reichspolitik. Der Papst übertrug ihm zusätzlich die Bistümer Freising, Regensburg, Lüttich und die Fürstpropstei Berchtesgaden, sodass sich eine enorme politische und wirtschaftliche Macht in den Händen der Wittelsbacher Brüder bündelte.

Die üppige Hofhaltung beflügelte die Wirtschaft und löste eine enorme Zuwanderung aus. Anstellungen bei Hofe waren begehrt, denn dort bestand die Chance, Karriere zu machen. Ende des 17. Jahrhunderts umfasste der Münchner Hofstaat über 4.000 Personen, etwa zwölf Prozent der damaligen Stadtbevölkerung. Die Rechte der Münchner Kommune dagegen waren von Max Emanuel und seinen Vorgängern nahezu komplett eliminiert worden: Die Stadträte und die Bürgermeister waren längst zu Claqueuren der kurfürstlichen Bestimmungen degradiert. Mit einer ganzen Flut von Dekreten griff der Kurfürst reglementierend in alle Lebensbereiche der Münchner ein.

Trotz seiner Hinwendung zum französischen Königshaus, die dem allgemeinen Zeitgeschmack entsprach, wollte Max Emanuel die Beziehung zu den Habsburgen keinesfalls vernachlässigen. Drängender als für seinen Vater stellte sich für ihn die Bündnisfrage. Wien bat um Hilfe im Kampf gegen die Osmanen, die seit 20 Jahren wiederholt Österreich angriffen und das Reich bedrohten. Für seine militärische Unterstützung boten die Habsburger dem Kurfürsten die Ehe mit der österreichischen Erzherzogin an, die Aussicht auf das spanische Erbe der Habsburger hatte – ein Angebot, das er nicht ausschlagen konnte. Max Emanuels erste Vorkehrung für den Kriegsfall war die Stationierung einer festen Garnison in München. Bayern besaß damit ab 1682 eine ständige militärische Truppe statt der bisherigen Söldnerheere. Im Jahr darauf wurde ein bayrisch-österreichisches Verteidigungsbündnis besiegelt.

Und so stand der 20-jährige Kurfürst den Habsburgern in ihrem Kampf gegen die Osmanen bei, die Wien monatelang belagerten. Einem kaiserlich-polnisch-bayerischen Koalitionsheer gelang es 1683, die kaiserliche Residenzstadt zu befreien. Sogleich nahm der bayerische Kurfürst die Verfolgung der flüchtenden Osmanen auf und krönte 1688 seine militärischen Erfolge mit der Rückeroberung der als uneinnehmbar geltenden Belgrader Festung. Mit kurbayerischer Unterstützung hatte Habsburg einen großen Teil des Balkans zurückgewonnen.

Als umjubelter Kriegsherr kehrte Max Emanuel nach München zurück. Das „Te Deum", den Dankgottesdienst nach einem großen militärischen Sieg, hielt sein Bruder Joseph Clemens, Erzbischof und

Kurfürst von Köln. In Schloss Schleißheim ließ der Kurfürst seine militärischen Erfolge auf zahlreichen Gemälden verewigen. Selbst der Stuck im dortigen Treppenhaus zeigt osmanische Trophäen und große Deckengemälde vergleichen die Eroberung Belgrads sogar mit dem Trojanischen Krieg. Waffenoriginale und Beutestücke aus den Schlachten gelangten in die fürstlichen Raritätenkabinette, ein Victoriensaal bewahrte die erbeuteten Fahnen der Osmanen auf. Doch die Siege über die Osmanen waren teuer erkauft: 30.000 Bayern waren in den Kämpfen gefallen, Steuergelder in Höhe von 20 Millionen Gulden verbraucht. Gleichwohl galt es, Max Emanuel mit Lobgesängen in München zu empfangen: „Europa, freu dich! / Empfange sanftiglich / den jungen Helden!"

Kaiser Leopold I. stand in tiefer Schuld beim „Blauen Kurfürsten" und „Sieger von Belgrad", wie man Max Emanuel nach seinen Siegen europaweit nannte. Schon vor der Belgrader Schlacht hatte 1685 die versprochene Hochzeit mit Erzherzogin Maria Antonia stattgefunden, die den nächsten Anspruch auf die spanische Krone besaß. Aus diesem Anlass wurde im Norden Münchens Schloss Lustheim errichtet, in dem Max Emanuel seinen kaiserlichen Schwiegereltern nach den Osmanenkriegen einen prächtigen Empfang ausrichtete. Maria Antonia brachte zwar den erhofften Thronfolger zur Welt, starb aber 1692 wenige Wochen später im Alter von nur 23 Jahren in Wien. Dorthin hatte sich die Schwangere zurückgezogen, enttäuscht von den zahlreichen Seitensprüngen des Kurfürsten, den sie in ihren sieben Ehejahren kaum zu Gesicht bekommen hatte.

Der Sohn, Kurprinz Joseph Ferdinand, war von nun an der größte Trumpf in der Hand des Kurfürsten, da er als Universalerbe des Spanischen Weltreichs galt. Zwar heiratete Max Emanuel drei Jahre später die polnische Prinzessin Therese Kunigunde, die ihm weitere sechs Kinder schenkte, doch waren ihm von nun an lediglich die Ansprüche Joseph Ferdinands wichtig, die ihm Weltgeltung versprachen.

Der Kurfürst hielt sich kaum in München auf. Bereits kurz nach den Osmanenkriegen zog er mit seinen Truppen weiter an den

Rhein, um im Pfälzer Erbfolgekrieg (1688–1692) gegen Ludwig XIV. zu kämpfen, der Anspruch auf das rheinische Kurfürstentum erhob. Die französischen Truppen standen im Pfälzer Krieg unter dem Kommando des Dauphin Louis, des Schwagers des bayerischen Kurfürsten. Die Franzosen zerstörten Mannheim, Worms und Speyer und sprengten das Heidelberger Schloss. Erst als Spanien und England drohten, in das Kriegsgeschehen einzugreifen, zog sich Frankreich hinter den Rhein zurück.

Max Emanuel residierte anschließend bis 1701 als Statthalter des Kaisers in Brüssel, dem Zentrum der Österreichischen Niederlande. Dorthin floss auch der Großteil der Steuergelder aus Bayern und München. Die finanzielle Belastung durch die immer aufwendigere und weit verteilte kurfürstliche Hofhaltung war immens. Erschwerend kam hinzu, dass trotz der permanenten Abwesenheit des Kurfürsten die Bautätigkeiten an den Münchner Schlössern und der Residenz fortgeführt wurden. Max Emanuel wollte, dass das Stadtbild seinen Anspruch auf einen Spitzenrang unter Europas Herrschern für jedermann erkennbar widerspiegelte.

Die Signale für einen weiteren Aufstieg der Wittelsbacher – nun sogar in die Weltpolitik – standen nie besser, denn der zeitlebens kranke habsburgische König von Spanien Karl II. war noch immer ohne Erben. Schon seit Jahren erwarteten Europas Herrscher seinen Tod und diskutierten die Erbfolge. Chancenreichster Anwärter war seit 1698 der bayerische Kurprinz Joseph Ferdinand. Der Erbfall, auf den sein Vater verbissen hoffte, hätte Bayern mit einem Schlag die Regentschaft über Spanien, die spanischen Teile Mittel- und Südamerikas, die Niederlande, Mailand, Neapel und Sizilien eingebracht – München hatte Aussicht, zwar nicht Hauptstadt, jedoch zum strategischen Ausgangspunkt eines den Globus umspannenden Weltreiches zu werden. Die politische Situation Europas am Ende des 17. Jahrhunderts glich einem Patt zwischen Österreich und Frankreich, das drohte, Spanien im Erbfall militärisch zu besetzen. Die Habsburger, Kaiser Leopold I. und König Karl II., wollten eine Zerstückelung ihres Weltreiches unbedingt verhindern und bestimmten daher den bayerischen Kurprinzen Joseph Ferdinand zum Universalerben Spaniens. Selbst Frankreich signalisierte seine Zustimmung zu dieser Lösung.

So ließ Max Emanuel seinen sechsjährigen Sohn nach Brüssel kommen und bereitete ihn auf seine Reise nach Spanien vor. Der namhafte französische Hofmaler Joseph Vivien verewigte den kindlichen Prinzen in stolzer Haltung neben einem Globus und vor einer Flotte, bereit ein Reich ohne Sonnenuntergang zu regieren. Doch der Traum, Herr einer Weltmacht zu werden, sollte sich nicht erfüllen: Der Thronanwärter starb völlig unerwartet im Februar 1699 im Alter von nur sechs Jahren. Als im November 1700 Kaiser Karl II. ebenfalls starb und die spanische Linie der Habsburger erlosch, endete auch die bayerische Statthalterschaft in Brüssel. Als französische Truppen in den Niederlanden einmarschierten, kehrten Max Emanuel und sein Hofstaat nach München zurück.

Von 1701 bis 1714 tobte der Spanische Erbfolgekrieg zwischen Wien und Paris. Um sich eventuell doch noch Ansprüche auf Spanien zu sichern, stellten sich Max Emanuel und sein Bruder Joseph Clemens diesmal auf die Seite Frankreichs. Ihre Kriegsgegner waren neben Österreich auch England, Holland und Portugal. 1704 verloren ihre Truppen die Schlacht von Höchstätt gegen die englischen und österreichischen Heere. Der Kurfürst floh daraufhin nach Frankreich. München, das Mittelpunkt eines Weltreichs hätte werden sollen, war nun von den Österreichern besetzt, die es zu einem strategischen Verwaltungs- und Organisationszentrum machten und „kaiserliche Hauptstadt in Baiern" nannten.

Zahlreiche Soldaten wurden in der Stadt einquartiert und die ohnehin beträchtlichen Steuern um weitere Abgaben an die Österreicher aufgestockt. Die Münchner lebten in der ständigen Angst, ins kaiserliche Heer eingezogen zu werden. Die Zustände in der Stadt waren kaum anders als zu Zeiten der schwedischen Besatzung im Dreißigjährigen Krieg. Der bayerischen Landbevölkerung erging es nicht besser, doch sie lehnte sich gegen die österreichischen Besatzer auf. Der Protest der Bauern aus dem Oberland, die der Legende nach vom Schmied von Kochel angeführt wurden, erreichte schließlich München und fand dort am Weihnachtsabend 1705 ein grauenvolles Ende: In Untersendling metzelten österreichische Truppen etwa 800 eingekesselte Bauern nieder. Hunderte weiterer Bauern fielen am Isartor und am Glockenbach. Die Sendlinger Mordweihnacht blieb lange unvergessen, grub sich schmerzhaft in das kollektive Gedächtnis ein und schürte den Hass auf die Besatzermacht, ließ die geplagten Münchner aber auch enger zusammenrücken. Die bayerischen Landstände und die Münchner Bürgerschaft gelobten die Errichtung der Dreifaltigkeitskirche. Laut der Vision einer Mystikerin würde durch diese gemeinsame Leistung die als göttliches Strafgericht empfundene Besatzung beendet und München gerettet werden. 1711 erfolgte die Grundsteinlegung.

Die Fresken der Dreifaltigkeitskirche waren die ersten Werke des Künstlers Kosmas Damian Asam in München. Zu Beginn des 18. Jahrhunderts zeichnete sich eine Wende in Münchens Architektur und Kunst ab. Die schweren und weniger farbigen Formen des italienischen Barock wurden nun bunter, filigraner, verspielter. Einheimische Künstler traten die Nachfolge der italienischen Barockmeister an und das Rokoko bahnte sich den Weg. Es gilt als Bayerns bedeutendster Beitrag zur Kunstgeschichte und ist in München an vielen Orten präsent. Der himmlische Glanz, so die Idee des Rokoko, sollte sich in den Kirchen widerspiegeln und die Menschen an das Paradies erinnern, während Krieg und Not das alltägliche Leben bestimmten.

Die Zeit der Besatzung Bayerns erlebte der Kurfürst zunächst wieder in Brüssel und ab 1709 am Hof des Sonnenkönigs in Versailles, während sich die Kurfürstin ins Exil nach Venedig begab und nur die Prinzen am Münchner Hof blieben. Max Emanuel dürfte es nicht schlecht ergangen sein, denn er gab in dieser Zeit die Porträts seiner Mätressen in Auftrag, die heute in Schloss Nymphenburg zu sehen sind. Auch eine wertvolle Sammlung an Möbeln im aufwendigen Stil der Boulle-Technik erwarb der Kurfürst während seiner

Jahre in Versailles und Paris. Von Frankreich aus verhandelte der Kurfürst mit Wien über die Zukunft Bayerns, doch nur mit Ludwig XIV. selbst schlossen die Habsburger schließlich einen Vertrag über die Rückkehr Max Emanuels. In den Friedensverhandlungen von Rastatt 1713 konnte der französische König schließlich die Wiedereinsetzung des bayerischen Kurfürsten erreichen.

Der Spanische Erbfolgekrieg endete mit einer Aufteilung des Habsburger Weltreichs. Das spanische Hauptland fiel an Philipp V. von Anjou, den Sohn des Grand Dauphin und der 1690 verstorbenen Wittelsbacherin Maria Anna. Immerhin war damit der neue spanische König der Neffe Max Emanuels. Österreich, Savoyen und England teilten sich die anderen Gebiete, während sich am Territorium Bayerns nichts änderte. Die Familie des Kurfürsten traf sich im April 1715 bei Landsberg und zog gemeinsam, aber ohne Pomp, wieder in München ein. Bei ihrer Rückkehr stand bereits die Dreifaltigkeitskirche am Promenadeplatz.

Gleichwohl war Europa nach Ende des Spanischen Erbfolgekrieges noch nicht befriedet. Schon im nächsten Jahr zogen 6.000 bayerische Soldaten an der Seite Österreichs erneut gegen die angreifenden Türken in den Krieg. Max Emanuels Streben nach mehr Ruhm und Ansehen war ungebrochen. Mit der Ehe zwischen seinem Sohn Karl Albrecht und der Kaisertochter Maria Amalia gelang ihm sogar die Aussöhnung mit den Habsburgern. Dennoch wollte er seine Verbundenheit mit Frankreich demonstrieren und ließ seine Söhne an den Hochzeitsfeierlichkeiten Ludwigs XV. in Paris teilnehmen. Auch an Bayerns Schaukeldiplomatie hatte sich also nichts geändert.

Als Max Emanuel im Februar 1726 im Alter von 63 Jahren starb, bestattete man ihn in der immer noch unvollendeten Theatinerkirche, deren Bau aus Freude über seine Geburt einst begonnen worden war.

Thronfolger war sein Sohn Karl Albrecht (1697–1745). Der neue Kurfürst war im reinsten absolutistischen Herrschaftsstil erzogen worden und setzte die „Jagdleidenschaft" der Wittelsbacher nach höheren Titeln eifrig fort. Er war ebenso ruhmsüchtig wie sein Vater – und wieder einmal standen die Chancen für eine Rangerhöhung gut: In der Wiener Hofburg hoffte man seit Langem vergeblich auf die Geburt eines männlichen Thronfolgers für Kaiser Karl VI. Ein neuer Erbfolgekrieg kündigte sich an und Karl Albrecht hegte die Hoffnung, das Kaisertum ein zweites Mal nach München zu bringen.

Sein Streben nach dem Kaisertitel demonstrierte auch er zunächst mit baulichen Maßnahmen. Die Repräsentationsräume der Münchner Residenz ließ er zu noch beeindruckenderen Raumfolgen für Audienzen und Empfänge umgestalten, als sie es bislang schon waren. Jedes Detail der sogenannten Reichen Zimmer sollte die Bedeutung des Kurfürsten widerspiegeln. Die Wände ließ er mit kostbaren großflächigen Spiegeln verkleiden, die den Räumen eine endlose Dimension verliehen. Licht ließ er bewusst als Gestaltungselement einsetzten, um durch Helligkeit den Glanz seiner Person noch zu unterstreichen, und wählte edles Korallenrot als „seine" Farbe und Ausdruck seiner Würde. Wertvollster Ausdruck des kurfürstlichen Kunstsinns wurde die Sammlung von über einhundert Miniaturen europäischer Barockgemälde auf Porzellan.

Der Kurfürst ließ auch zahlreiche Neubauten errichten, etwa das Lustschlösschen Amalienburg im Nymphenburger Schlosspark für seine Gemahlin Maria Amalia. Auf Karl Albrechts Wunsch wurde die Auffahrt von Schloss Nymphenburg um ein Gebäuderondell erweitert, durch das es den Eindruck einer endlosen Palastanlage erhielt. In den neu gestalteten Garten des Schlosses ließ er Pferderennen und Jagden abhalten. François de Cuvilliés war der geniale Stararchitekt der Repräsentationsarchitektur Karl Albrechts.

Die Etikette bei Hof wurde immer aufwendiger und das Empfangszeremoniell in der Residenz trieb immer ausgefallenere Blüten: Wie der Sonnenkönig Ludwig XIV., mit kostbarem Ornat und Allongeperücke, posierte Karl Albrecht bei Audienzen neben seinem Thron, umgeben von seinem Hofstaat. Graf von Preysing-

Hohenaschau, der für den Ablauf von Veranstaltungen zuständige Zeremonienmeister, bekleidete innerhalb der Ämterfülle den Spitzenplatz, denn er war zudem Präsident des Konferenzrats, Prinzenerzieher, Obristkämmerer und Kanzler des Ordens des Heiligen Georg. Gemeinsam mit seinem Kurfürsten begab sich Preysing wiederholt auf Kavalierstour, um den „Venusberg" in ganz Europa zu erkunden – denn beide waren auch beste Freunde. Architekt Joseph Effner errichtete gegenüber dem Residenzeingang das Palais Preysings, das zu den bedeutenden Rokoko-Schöpfungen Münchens zählt. Auch Clemens August, der erzbischöfliche Bruder des jungen Kurfürsten, erlebte einen raschen Aufstieg und sammelte regelrecht neue Titel und Ämter: Erzbischof von Köln, Domherr zu Straßburg und Lüttich, Bischof von Regensburg, Münster, Paderborn, Osnabrück und Hildesheim.

Als Kaiser Karl VI. im Oktober 1740 in Wien starb, war München repräsentativ genug, um wieder Kaiserstadt zu werden. Der Verstorbene hinterließ zwei Töchter, Maria Theresia und Maria Anna. Karl Albrechts Angebot, seinen Sohn mit Maria Theresia zu vermählen, wurde in Wien ausgeschlagen – und so bewarb sich der bayerische Kurfürst selbst um die Kaiserkrone. Die Zeichen für seine Wahl standen günstig: Friedrich der Große von Preußen hatte seine Zustimmung signalisiert und auch Kursachsen sowie die Kölner und Pfälzer Wittelsbacher Verwandtschaft wollten ebenfalls für ihn stimmen.

In Schloss Nymphenburg wurde das europäische Bündnis gegen Maria Theresia unterzeichnet, mit dem Ziel, Bayerns Kurfürsten als Kaisernachfolger durchzusetzen. Obwohl Friedrich von Preußen zum Marsch auf Wien riet, um die Habsburger unter Druck zu setzen, begnügte sich Karl Albrecht zunächst mit der Eroberung Prags. Im Dezember 1741 wurde er auf dem Hradschin zum böhmischen König gekrönt. Damit war ihm auch die böhmische Kurstimme gesichert, sodass er mit einem sicheren Gefühl nach Frankfurt aufbrechen konnte, wo er zum Kaiser gewählt wurde. Zum zweiten Mal nach Ludwig IV. „dem Bayern" trug nun wieder ein bayerischer

Wittelsbacher die Reichskrone. Karl Albrecht nannte sich fortan Karl VII.

Ein fröhliches Fest wurde die Krönungszeremonie in Frankfurt allerdings nicht, obwohl an Pomp keineswegs gespart wurde. Der Kölner Erzbischof, der seinen Bruder krönte, erschien beispielsweise mit 70 Prunkwagen. Doch war niemanden wirklich zum Feiern zumute, denn Bayern war ernsthaft bedroht. Von Maria Theresia wusste man, dass sie Karl Albrechts Kaisertum keineswegs anerkennen werde. Tatsächlich besetzten österreichische Truppen am Krönungstag Karl Albrechts ganz Bayern und marschierten in München ein. Für die Stadt brach zum wiederholten Male eine leidvolle Besatzungszeit an, die den vorangegangenen Krisenzeiten an Elend kaum nachstand. Der Österreichische Erbfolgekrieg (1740–1745) weitete sich aus.

Die anhaltenden Kriegswirren zwischen Preußen und Österreich hielten Karl VII. noch lange davon ab, in die Münchner Residenz zurückzukehren. Dies war ihm erst 1744 möglich, nach dreijährigem Exil. Seine einst aufwendig vorbereitete Kaiserherrschaft fand keine allgemeine Anerkennung und sollte nur von kurzer Dauer sein. „Das Unglück wird mich nicht verlassen, bis ich es verlasse", stellte er resigniert fest. Im Januar 1745, nur drei Monate nach seiner Rückkehr, starb er in Schloss Nymphenburg. Der Kampf der Wittelsbacher um eine Spitzenstellung in Europa war wieder einmal verloren.

Der einzige Sohn Karl Albrechts, Max III. Joseph (1727–1777), folgte auf den kurfürstlichen Thron. In seiner Wesensart unterschied er sich komplett von seinen beiden Vorgängern. Er war ein überaus friedliebender Regent und rasch gab man ihm den Beinamen „der Vielgeliebte". Der neue Kurfürst verzichtete auf alle Großmachtansprüche Bayerns und begnügte sich mit einem Rang als Mittelstaat. Den leidvollen Krieg gegen Österreich beendete er unmittelbar mit den Worten: „Und wenn niemand den Frieden will, so will ich ihn!" Im Frieden von Füssen versprach er 1745 seine Stimme dem Gemahl Maria Theresias, Franz I. von Lothringen, der damit zum

Kaiser wurde. Maria Theresia ihrerseits erkannte posthum sogar das Kaisertum Karls VII. an. Das Volk verehrte Max III. Joseph für seine auf Frieden und Ausgleich bedachte Politik. Es sollten nun drei friedliche Jahrzehnte für München und Bayern folgen.

Der Kurfürst wollte nicht auf dem politischen Parkett der europäischen Kabinette glänzen, dafür umso mehr mit prachtvollem höfischen Leben in München. Er selbst galt als talentierter Musiker und Komponist. Wiederholt empfing er Wolfgang Amadeus Mozart in München, der sich von der Rokoko-Stadt schwer beeindruckt zeigte. Trotz seiner Begeisterung machte der Kurfürst Mozart nicht zum Kapellmeister, obwohl ihn der Komponist 1777 inständig darum gebeten hatte. Es war ein Fehler Max III. Josephs, Mozart abzulehnen, doch immerhin setzte er baulich ein bleibendes Zeichen für die höfische Musik: François Cuvilliés errichtete in seinem Auftrag ein neues Hoftheater, das bereits Zeitgenossen als Juwel des Rokoko beschrieben und das noch heute bespielt wird. „Indessen bilden Sie sich nicht ein, dass die Schaubühnen zu Paris ebenso aussehen; denn dieses hier ist schön, und jene sind – mit der Franzosen Erlaubnis – höchst garstig", schrieb ein Diplomat voll Begeisterung an den französischen Hof. Streng nach Rangordnung unterteilt – Stadtadel, Hochadel, niederer Adel und Hofbeamte – traf sich die höfische Gesellschaft mehrmals wöchentlich zu Opern, Konzerten oder Festen in dem Theater. Sogar die prunkvolle Zusammenkunft der kurbayerischen und kursächsischen Familien wurde im Cuvilliés-Theater in Szene gesetzt. Gesellschaftlicher Mittelpunkt des Opernhauses war bei solchen Anlässen die zweigeschossige Kurfürstenloge, auf die sich alle Augen richteten – verziert mit dem gemeinsamen Wappen Bayerns und Sachsens, denn die Kurfürstin Maria Anna Sophie stammte von dort. Das gleiche Allianzwappen ziert auch die Fassade der Theatinerkirche, die Cuvilliés 1768 nach über 100-jähriger Bauzeit vollendete. 1781 schließlich gelangte im Cuvilliés-Theater Mozarts Oper „Idomeneo" zur Uraufführung.

Die Liste der Münchner Künstler und Baumeister des 18 Jahrhunderts liest sich wie ein „Who is who" des Rokoko: Ägid

Quirin und Kosmas Damian Asam, Johann Baptist Zimmermann, Johann Michael Fischer, Johann Baptist Gunezrainer, Ignaz Günther, Johann Baptist Straub und viele mehr. Auf Betreiben des Kurfürsten entstanden auch erste Fabriken und Manufakturen, die erlesene Waren für den Hof produzierten. 1761 wurde die Curfürstliche Porcelain-Fabrique auf Erlass Max III. Joseph im Schlossrondell von Nymphenburg eingerichtet. Ihr Formmeister Franz Anton Bustelli gilt als der bedeutendste Porzellanfigurist des Rokoko. Mit seinen Gestalten der Italienischen Komödie erreichte die Nymphenburger Porzellankunst internationalen Rang. Dieser und weitere Fachbetriebe trieben Münchens Entwicklung von einer Handwerker- und Handelsstadt zu einer produzierenden Industriestadt stark voran.

Durch die erfolgreiche Friedens- und Wirtschaftspolitik Max III. Joseph sanken die gigantischen Staatsschulden während seiner Regentschaft um die Hälfte. Da aber auch er – wie alle seine Vorgänger – eine überaus aufwendige Hofhaltung betrieb, beliefen sich die Schulden am Ende seiner Regierungszeit immer noch auf gigantische 15 Millionen Gulden.

Die Ehe des Kurfürsten mit Maria Anna Sophie blieb kinderlos und seit den 1760er-Jahren fürchtete man um Bayerns Thronfolge. Erstmals sollte für die bayerische Linie der Wittelsbacher die Erbfolge im eigenen Hause schwierig werden. Der wittelsbachische Hausvertrag sah vor, dass im Falle des Aussterbens einer Linie die jeweils andere Linie das Erbe antritt. Und so richtete sich die politische Aufmerksamkeit der Residenzstadt München zunehmend auch auf Mannheim, das kurpfälzische Machtzentrum und Regierungssitz Karl Theodors aus der Wittelsbacher Linie Pfalz-Neuburg-Sulzbach, die bereits im 17. Jahrhundert zum Katholizismus zurückgekehrt war. Trauer und Bestürzung waren groß, als die Hofgeistlichen Ende Dezember 1777 das verehrte Bildnis der Muttergottes aus dem Herzogsspital ans Sterbebett in der Münchner Residenz brachten, wo Kurfürst Max III. Joseph im Alter von nur 50 Jahren an den Pocken starb. Mit seinem Tod endete die bayerische Linie der Wittelsbacher, und die 1339 getrennten Linien der Pfalz und Altbayerns wurden nach fast 550 Jahren wieder dynastisch vereint. Auch Bayerns Anspruch auf das Hochstift von Köln und diese wichtige politische Position am Rhein und in Mitteldeutschland war schon mit dem Tod von Erzbischof Clemens im August 1761 erloschen. Das Zeitalter des Absolutismus und des Rokoko ging zu Ende. Große Änderungen standen München und Bayern bevor.

AN FRANKREICHS SEITE

München im Zeitalter Napoleons

Von der Französischen Revolution ermutigt fordern die Münchner Gedankenfreiheit, soziale Reformen und politische Mitbestimmung. Kurfürst Karl Theodor facht ihre Unzufriedenheit durch unpopuläre Maßnahmen zusätzlich an. Minister Montgelas erarbeitet Grundlagen für staatliche Reformen. Frankreich annektiert Teile Bayerns, doch durch die Enteignung von Kirchenbesitz werden Kriegsverluste ausgeglichen. Aufgrund Napoleons politischer Neuordnung wird Max Joseph König eines souveränen Bayern und erlässt eine erste Verfassung.

Die katholisch-barocke Residenzstadt begann, sich einer neuen Strömung zu öffnen: der Aufklärung. Erste Ansätze dazu hatte es bereits unter Max III. Joseph gegeben. Der Kurfürst legte die Grundlagen zur Einführung der allgemeinen Schulpflicht, und die Mitglieder der von ihm 1759 gegründeten Akademie der Wissenschaften traten für die Freiheit des Denkens ein. Das Studium der Naturwissenschaften, von Jura und Geschichte fand endlich auch in München deutliche kurfürstliche Förderung. Ein effizienter Staat hatte zunehmend nach den Prinzipien der Vernunft zu funktionieren. Insbesondere die religiöse Bevormundung der gesamten Gesellschaft, in den Schulen, Lehreinrichtungen und von den Kanzeln herab, war vielen Aufklärern ein Dorn im Auge. Ähnlich den Reformbestrebungen Kaiser Josephs II. traf auch Max III. Joseph deutliche Maßnahmen zur Einschränkung der ausufernden Barockfrömmigkeit. Die an Rom orientierten Jesuiten wurden von den Reformern besonders scharf angegriffen. In diesem veränderten geistigen Klima ließ Max III. Joseph 1773 den Orden verbieten, der den Wittelsbachern einst eine wichtige Stütze gewesen war. Gegen die deutliche Zurückdrängung des päpstlichen Einflusses versuchte Papst Pius VI. vergeblich einzuschreiten, als er 1782 dafür eigens nach Wien und nach München reiste. Seine Predigt im Alten Peter änderte wenig und der Papst sah sich gezwungen, das Jesuitenverbot anzuerkennen. Immerhin gelang es ihm, mit dem Kurfürsten die Einrichtung einer päpstlichen Nuntiatur in München zu vereinbaren.

Mit aufkommender Gedankenfreiheit veränderte sich auch das Geschichtsverständnis. Der Münchner Gymnasiallehrer Lorenz Westenrieder war der erste Historiker, der Bayerns Entwicklung nicht allein an seinen Herrschern, sondern auch am Schicksal der Bevölkerung erläuterte. In zahlreichen Schriften und Reden informierte er die wissbegierigen Bürger aus einer völlig neuen Perspektive über Bayerns geschichtlichen Werdegang.

In den 1780er-Jahren wandelte sich die Aufklärung von einer zunächst philosophischen zu einer immer politischeren Bewegung: „Freiheit" wurde das Schlagwort des Bürgertums. An der in Ingolstadt beheimateten bayerischen Universität fielen die Forderungen nach Befreiung aus der politischen Unmündigkeit auf fruchtbaren Boden und verbreiteten sich bis nach München. Immanuel Kants Schrift „Was ist Aufklärung?" von 1784 und seine Forderung nach „Ausgang des Menschen aus seiner selbstverschuldeten Unmündigkeit" wurde bald auch hier gedruckt und gelesen.

Großen Einfluss gewann der Illuminatenorden, ein mitgliederstarker Geheimbund, der die vollständige Loslösung von allen hergebrachten religiösen und politischen Bindungen forderte. Geistesgrößen wie Johann Wolfgang Goethe, Johann Gottfried Herder und Johann Heinrich Pestalozzi gehörten der freimaurerischen Verbindung an und selbst deutsche Fürsten begeisterten sich anfangs für deren Ideen. Die Ordensmitglieder erstrebten die gewaltlose Umformung der Gesellschaft, indem sie Positionen an den Schalthebeln der Macht besetzten. Durch Joseph Franz Maria Graf von Seinsheim, kurfürstlicher Zeremonienmeister, Präsident der Akademie der Wissenschaften und überaus geschätzter Diplomat am Wiener Hof, reichte der Einfluss der Illuminaten tatsächlich bis in die Münchner Residenz. Seinsheims Palais wurde zum Zentrum der Aufklärung.

So hatte sich das staatliche und philosophische Denken in München am Vorabend der Französischen Revolution merklich geändert. Die Aufklärer drängten auf politische und juristische Neuerungen als Grundvoraussetzung für die Freiheitsentfaltung jedes Einzelnen – und sie äußerten dies immer lauter. Ihr Hauptanliegen lautete: Ablösung des schwerfälligen Ständestaats durch eine moderne staatliche Verwaltung. Die Schriften von François-Marie Voltaire, Jean-Jacques Rousseau und Charles de Montesquieu, die in unterschiedlichen Ausprägungen Emanzipation, Volksherrschaft und Demokratie forderten, stießen in München auf großes Interesse.

Politisch hatten die zahlreichen Erbfolgekriege und wiederholten Besatzungen tiefe Spuren hinterlassen. Die soziale und finanzielle Not waren trotz der Reformen Max III. Josephs noch erheblich: Nicht einmal die Schulden der schwedischen Besatzung von 1634 waren inzwischen getilgt und trotz der Friedenszeit bedeuteten oftmals geringe Konjunkturschwankungen den Konkurs von Handwerksbetrieben. Die unsäglichen hygienischen Bedingungen und Wohnverhältnisse, verbunden mit der ständigen Bedrohung durch Krankheiten und sogar Epidemien, hatten eine Atmosphäre entstehen lassen, die den Wunsch nach Freiheit und politischer Mitbestimmung verschärfte.

Als 1778 der neue Kurfürst Karl Theodor (1724–1799) in die Münchner Residenz zog, erhofften sich die meisten Münchner den Beginn eines neuen und zeitgemäßen Politikstils für Bayern. Karl Theodor verließ seine kurfürstliche Residenzstadt Mannheim äußerst ungern. Die Stadt war ein angesehenes, fortschrittliches und aufgeklärtes Zentrum von Kultur und Wissenschaft, an dessen Nationaltheater 1782 sogar Schillers „Räuber" zur Uraufführung gelangen konnte. „Nun sind deine guten Tage vorüber (…)", kommentierte Karl Theodor die Nachricht von Max III. Josephs Tod und machte fortan keinen Hehl daraus, dass er seinen Umzug als Gang ins Exil und als persönliches Unglück empfand. Dennoch brach er bereits an Neujahr 1778, am Tag nach dem Erhalt der Todesnachricht, nach München auf. Eile war geboten, da niemand wusste, ob nicht auch Österreich Erbansprüche auf Bayern erheben und einen Krieg beginnen würde. Ein schier endloser Zug von Kutschen brachte den Pfälzer Hofstaat mit fast 3.000 Bediensteten samt ihrer Familien in die Stadt, in der der Wohnraum schon zuvor für die 40.000 Einwohner kaum ausgereicht hatte. Es war nur konsequent, dass sich der neue Kurfürst rasch für eine moderne Stadtplanung und Erweiterung Münchens durch Vorstädte einsetzte.

Doch zunächst bestimmten überaus unpopuläre politische Entscheidungen den Regierungsantritt Karl Theodors. Seine ohnehin geringen Sympathiewerte in der Bevölkerung sanken gewaltig, als bekannt wurde, dass er mit Kaiser Joseph II. über eine Besitzaufgabe Bayerns für die österreichischen Niederlande verhandelte. Diese Transaktion hätte Karl Theodors pfälzische und niederrheinische Besitzungen zu einem Königreich Burgund verschmolzen und ihm wäre die Heimkehr nach Mannheim möglich geworden. 1778 trat er auch tatsächlich das Straubinger Land an Österreich ab, um zunächst dessen Erbansprüche auf Bayern zu besänftigen. Die Bayern fühlten sich von ihrem neuen Landesherrn verraten und verkauft, als wieder einmal österreichische Truppen – und diesmal im Einverständnis mit dem Regenten – in Niederbayern einmarschierten. Die zweimalige Besetzung durch die Österreicher im 18. Jahrhundert und die Sendlinger Mordweihnacht von 1705 hatten die Menschen keineswegs vergessen. Eine Protestwelle brandete auf, als sich Karl Theodor weiterhin vorbehielt, auch das restliche Bayern abzutreten.

Die Fäden der Opposition in München liefen im sogenannten Clemensschlösschen der Herzogin Maria Anna Josepha von Pfalz-Sulzbach zusammen. Sie war zwar die Schwägerin und Kusine Karl Theodors, aber dennoch eine erbitterte Gegnerin seiner Tauschpläne. In endlosen Verhandlungen, durch diplomatische Schliche und Intrigen gelang es ihr, den nächsten Erben Bayerns, Herzog Karl August von Pfalz-Zweibrücken, ebenfalls zum Protest zu bewegen. Nachdem sogar Preußen vom Erhalt Bayerns hatte überzeugt werden können, kam es zum kurzen Bayerischen Erbfolgekrieg. Als Reaktion auf den österreichischen Einmarsch in Niederbayern fielen die preußischen Truppen König Friedrichs II. in Böhmen ein. Das fast unblutige Geplänkel endete 1779 mit dem Frieden von Teschen und wurde als „Kartoffelkrieg" oder „Zwetschgenrummel" bekannt. Kaiser Josef II. lenkte ein und verhinderte ein größeres Blutvergießen. Er erkannte Preußens militärische Überlegenheit. Zudem hatte Russland angedroht, in den Krieg einzugreifen. Österreich begnügte sich mit dem Innviertel. Von der heute sprichwörtlichen Animosität zwischen Bayern und Preußen war damals noch nichts zu spüren – im Gegenteil: Die Bayern waren dem „Alten Fritz" für seinen Beistand überaus dankbar.

Der Zorn und die Empörung in der Bevölkerung richteten sich nun noch mehr gegen den eigenen Kurfürsten, dem man den geplanten Ländertausch nie mehr verzieh. Man warf ihm auch die ausschweifende Hofhaltung, seine Günstlingswirtschaft und seine zahlreichen Mätressen vor. Anfängliche Liberalisierungsmaßnahmen, etwa die Lockerung der Theaterzensur und die Gewährung von Meinungsfreiheit, nahm er in Teilen zurück. Der aufgeklärten Phase seiner Regentschaft ließ er nun eine Phase der Unterdrückung folgen. Eine von Gelehrten, Beamten und Bürgern gleichermaßen geforderte öffentliche Diskussion über eine Sozialreform lehnte er strikt ab. Karl Theodor entpuppte sich zunehmend als ein absolutistischer Herrscher im Stil seiner Vorgänger. Als ihm die politische Dimension der Freiheitsforderungen der Illuminaten und insbesondere ihre große Anhängerzahl bewusst wurden, ließ der Kurfürst 1784 den Geheimbund kurzerhand verbieten, denn er sah die Gefahr einer Revolution heraufziehen. Durch Hausdurchsuchungen und Verhöre von Illuminaten, Bücherzensur, Bespitzelung, das Verbot der Schriften Immanuel Kants und Johann Gottlieb Fichtes sowie weitere Schikanen brachte er Münchens geistige Elite schier zur

Verzweiflung. Die bereits erwähnte Einrichtung einer päpstlichen Nuntiatur 1785 hatte zur Folge, dass auch die Selbstständigkeit der bayerischen Bischöfe stark eingeschränkt wurde und sie fortan der direkten päpstlichen Kontrolle unterstanden. Damit hatte Karl Theodor nun auch den Klerus gegen sich aufgebracht.

In dieser aufgeheizten Stimmung blickten die Münchner im Juni 1789 – teils begeistert, teils panisch – auf die Revolutionsgeschehnisse in Paris, wo das Volk die absolutistische Monarchie beseitigte, sich zur Nationalversammlung erklärte und verlangte, künftig nach Köpfen statt nach Ständen abzustimmen. Ihren Forderungen nach „Freiheit, Gleichheit, Brüderlichkeit", politischer Mitbestimmung des dritten Standes sowie persönlicher und wirtschaftlicher Freiheit jedes Einzelnen verschafften sie mit dem Sturm auf die Bastille gewaltsam Nachdruck. Menschen- und Bürgerrechte wurden daraufhin eingeführt, und im September 1791 folgte die Umwandlung Frankreichs von einer absoluten in eine konstitutionelle Monarchie durch die Einführung einer Verfassung. Doch immer radikalere Kräfte gelangten unter der Führung der Jakobiner an die Macht. 1793 begann die Pariser Schreckensherrschaft, der „terreur". Viele französische Adelige flüchteten ins Ausland, versuchten dort Truppen anzuwerben und die europäischen Monarchien zum Krieg gegen Frankreich zu bewegen. Mehr als zuvor versuchte Karl Theodor, sich an den Wiener Hof anzulehnen. Nach seinen Ländertauschplänen brauchte er dafür jedoch nicht mehr auf politischen Rückhalt in Bayern zu hoffen. Rasch versuchte Karl Theodor zu reagieren, indem er in einer Generalabrechnung den Magistrat der Stadt absetzte und die kommunalen Angelegenheiten in die Zuständigkeit kurfürstlicher Verwalter legte. Als er rebellische Stadträte zwang, vor einem Gemälde des Kurfürsten kniefällig Abbitte zu leisten, war die Diskrepanz zu den politischen Umbrüchen in Frankreich mehr als augenfällig. Unruhen sollten gleichwohl an der Tagesordnung bleiben – trotz Einführung einer kurfürstlichen Polizeidirektion und trotz der Versuche Karl Theodors, Zünfte und Bürgerschaft gegeneinander auszuspielen.

Zwischen 1792 und 1809 befanden sich die meisten europäischen Staaten fast ununterbrochen im Krieg gegen Frankreich. Bayern versuchte zunächst neutral zu bleiben und sich aus den Konflikten herauszuhalten, doch die Kriege erreichten auch das Kurfürstentum: Der Kampf zwischen Österreich und Frankreich wurde vor allem auch auf bayerischem Territorium ausgetragen und München musste französische und österreichische Truppen gleichermaßen versorgen. Häufige Lebensmittelengpässe waren die Konsequenz. Keine einzige politische Maßnahme Karl Theodors fand nunmehr Zustimmung, aus allen Schichten erhielt er Protestschreiben.

„Friede den Hütten, Krieg den Palästen" – unter diesem Schlachtruf hatten die französischen Volksheere längst die linksrheinischen Städte verwüstet und Mannheim, die einstige pfälzische Residenzstadt Karl Theodors, zur Frontstadt werden lassen. Der Friede von Campoformio zwischen Frankreich und Österreich, zu dessen Unterzeichnern auch Karl Theodor zählte, setzte 1797 dem ersten sogenannten Koalitionskrieg ein Ende. Österreich trat die Niederlande an Frankreich ab und Bayern verlor seine Gebiete links des Rheins.

Eine umfassende Militärreform rückte ins Zentrum der kurfürstlichen Politik in Bayern. Der Amerikaner Benjamin Thompson, Flügeladjutant im kurfürstlichen Heer, wurde von Karl Theodor zum Reichsgrafen Rumford geadelt. Seit 1790 versuchte er, die bayerischen Streitkräfte zu reorganisieren und eine Armenfürsorge durchzusetzen. Durch die Einrichtung von Arbeitshäusern und Suppenküchen schuf er Strukturen, die das soziale Elend in München lindern, haltlose Menschen gesellschaftlich wieder eingliedern und so auch der steigenden Kriminalität Einhalt gebieten sollten. Schon 1789 hatte Rumford den Kurfürsten davon überzeugt, die Sümpfe im Norden des Hofgartens trockenlegen zu lassen und eine Anlage zur „soldatischen Freizeitertüchtigung" sowie einen Park anzulegen. Der daraus entstandene Englische Garten ist seither aus dem Münchner Stadtbild nicht mehr wegzudenken. Karl Theodors Schwetzinger Hofgärtner, Friedrich Ludwig von Sckell, gestaltete das weitläufige Erholungsgebiet meisterhaft im neuen englischen Landschaftsstil. Auch der Nymphenburger Schlosspark verlor unter Sckells Anleitung seine barocke Gestaltung und wurde zum öffentlich zugänglichen Landschaftspark. Die starke Ablehnung gegenüber ihrem Kurfürsten bedingte jedoch, dass die Münchner nur zögerlich begannen, die neuen Erholungsangebote zu nutzen, und dass sie sich für die Öffnung der ehemals kurfürstlichen Anlagen nur wenig dankbar zeigten. Denn untertänige Dankbarkeit wurde erwartet, wie die Inschrift auf dem Rumford-Denkmal am Eingang des Englischen Gartens überliefert. Der Kurfürst gewährt, und das Volk nimmt demütig an – stets blieb diese hierarchische Struktur politisches Handlungsmuster des Kurfürsten.

Dass Thompsons soziale Reformen bei den Münchnern auf pauschale Ablehnung stießen, lässt sich auch mit einer von ihm initiierten städtebaulichen Veränderung erklären, welche die Bevölkerung fassungslos machte: Mitten in Kriegszeiten veranlasste er die fast vollständige Abtragung der Stadtmauer, ihrer Bastionen und die Aufschüttung des Grabens. Stattdessen ließ er eine breite Ringstraße anlegen. Aus militärischer Sicht war die Befestigung tatsächlich nutzlos geworden, wie schon die Angriffe der Schweden im Dreißigjährigen Krieg gezeigt hatten, doch glaubte sich die Bevölkerung nun allen möglichen Angreifern schutzlos ausgeliefert. Obwohl es sich hierbei um eine militärisch längst überfällige und hygienisch notwendige Maßnahme handelte, konnte Karl Theodor weder beim Münchner Magistrat noch bei der Stadtbevölkerung auf Verständnis hoffen. Gleichwohl: Fortan war München keine Festung mehr, und obwohl sich die Abbrucharbeiten der Mauern und Bastionen viele Jahre hinzogen, entstand nun Platz für modernen Wohnraum und neue Infrastruktur.

So fortschrittlich und vorausschauend die kurfürstlichen Reformen zum Teil auch waren, ihre radikale Umsetzung stieß immer auf Unverständnis und Widerspruch. Äußerst ablehnend registrierte man auch die Schließung der innerstädtischen Friedhöfe, die Karl Theodor anordnete. Er betrachtete sie zu Recht als Seuchenherde und ließ außerhalb der Stadt neue Gottesäcker anlegen. Selbst die angesehensten Münchner Familien protestierten vergeblich gegen den Verlust ihrer Grablegen.

Als Karl Theodor im Februar 1799 starb, ging ein Aufatmen durch alle Bevölkerungsschichten: „Heute frohlockte alles und jeder wünschte dem anderen Glück", beschrieb Lorenz Westenrieder die Stimmung beim Volk. Kein Kurfürst war so unpopulär gewesen wie Karl Theodor. Doch Münchens Stadtbild hatte er während seiner 21-jährigen Regierungszeit den modernen Erfordernissen anpassen können. Die eben noch spätmittelalterlich-festungsartige Stadt war auf die nun folgende Phase der Industrialisierung infrastrukturell gut vorbereitet.

Auch Karl Theodor hinterließ keinen männlichen Thronerben. Seine Witwe, die junge Kurfürstin Marie Leopoldine von Österreich-Este, eine Enkelin Maria Theresias, erfüllte die Hoffnungen des alternden Fürsten nicht. 1795 hatte Karl Theodor nach dem Tod seiner ersten Gemahlin Elisabeth Auguste die erst 18-Jährige geheiratet. Nun, nach dem Tod ihres Gatten, setzte sich Marie Leopoldine nicht etwa für die österreichischen Ansprüche auf Bayern ein, sondern stellte sich gegen das Kaiserhaus. Damit verhalf sie der letzten Linie der Wittelsbacher auf den Thron: Pfalz-Zweibrücken. Sie selbst begann bald ihr Leben zu genießen: Durch Aktienspekulationen wurde sie zur reichsten Frau Bayerns, erwarb umfangreichen Grundbesitz, agierte weiterhin als politische Beraterin und gründete das noch immer existierende Café „Tambosi" am Hofgarten.

Im März 1799 zog Max IV. Joseph von Pfalz-Zweibrücken (1756–1825), genannt Max Joseph, unter dem Jubel der Bevölkerung und mit Glockengeläut in München ein. Mit ihm kam seine Gemahlin, Kurfürstin Karoline Friederike von Baden. Schon die bloße Anwesenheit der 23-Jährigen machte den Weg frei für Neuerungen im katholischen Bayern, denn die Kurfürstin war Protestantin. Ihre Glaubensfreiheit hatte sie sich in einem Ehevertrag zusichern lassen, was einer Revolution gleichkam. Die erste evangelische Pfarrei Münchens wurde eingerichtet und die Glaubenszugehörigkeit war nicht länger Voraussetzung für die Wohnortwahl innerhalb Bayerns. In wenigen Jahren stieg die Zahl der protestantischen Gemeindemitglieder Münchens auf 800.

Doch auch die neue kurfürstliche Regierung hatte mit leeren Kassen zu kämpfen. Die Wohnungsknappheit blieb Münchens drängendstes Problem. Auf dem Gelände der ehemaligen Stadtmauer und darüber hinaus entstanden neue Siedlungen. Nach einem Generalplan des Hofgärtners Friedrich Ludwig von Sckell und des Architekten Karl von Fischer wurden bis 1812 die Maxvorstadt, Ludwigsvorstadt, Isarvorstadt und St.-Anna-Vorstadt errichtet.

Außenpolitisch blieb Bayerns Lage prekär. 1799, im Jahr von Max Josephs Regierungsantritt, erklärte Napoleon Bonaparte die Französische Revolution zwar für beendet, doch die Kriege begannen bald von Neuem. Allein 110.000 österreichische Soldaten befanden sich in Bayern, das erneut zum Schauplatz der Auseinandersetzungen zwischen Österreich und Frankreich wurde. Im Juni 1800 besetzten die Franzosen München und wieder einmal belastete der Dauerkonflikt zwischen den kaiserlichen Heeren und den französischen Truppen Bürger und Staatskasse. Für Max Joseph wurde ein Bündnis mit den Gegnern Frankreichs zur Existenzfrage, doch die Erfolgsaussichten waren gering. 1801 fand im Osten Münchens, bei Hohenlinden, die letzte Schlacht Bayerns an der Seite Österreichs gegen Frankreich statt. Die bayerischen Truppen erlitten eine vernichtende Niederlage. Der Kurfürst entschloss sich nun, auf die Seite Frankreichs zu wechseln. Napoleon stellte ihm dafür einen Ausgleich für die von Frankreich annektierten linksrheinischen Gebiete in Aussicht. Darüber hinaus sicherte er Max Joseph Unterstützung bei seinen einschneidenden staatlichen Reformen zu.

Maßgeblich verantwortlich für die Politik Max Josephs war der leitende Minister Maximilian Graf von Montgelas. Der von der Aufklärung geprägte und in Straßburg studierte Jurist und Politiker war lange Zeit Mitglied des Illuminatenordens und hatte bereits am Zweibrückener Hof umfangreiche Reformvorhaben entwickelt. Den Absolutismus lehnte er ab, denn Toleranz und Gewissensfreiheit waren für ihn die Grundpfeiler eines modernen Staates. Max Joseph stattete Montgelas, den Befürworter der Französischen Revolution, mit zahlreichen Vollmachten aus. Ihm unterstanden das Außen-, Finanz- und Innenministerium. Als „Superminister" veränderte er Bayern wie kaum ein anderer vor ihm. Sein oberstes Ziel war, aus den weitverstreuten bayerischen Besitzungen ein einheitliches Staatsgebilde zu formen und so die Grundlage für eine bayerische Staatsnation zu schaffen. Ungeachtet der historischen Entwicklung und der Rechtsverhältnisse wollte er – einzig aus der Vernunft heraus – einen neuen Staat aufbauen, straff und zentralistisch organisiert.

Damit begann die Säkularisation in Bayern: die Einziehung von kirchlichem Vermögen, Gütern und Territorien. Montgelas ließ Hochstifte, Reichsabteien und rund 300 Klöster auflösen, ebenso die Bettelorden, die keinerlei Reichsschutz genossen. Bayern übernahm Würzburg, Passau, Freising, Eichstätt, Bamberg und andere geistliche Besitzungen. Durch diese Maßnahmen verdoppelte sich das bayerische Territorium nahezu. Bei der Säkularisation und ihrer teils radikalen Umsetzung wurden unzählige Kulturgüter zerstört, verkauft, geraubt oder geplündert. Dennoch waren die Kommissionen, die die Auflösung der Klöster vor Ort durchführten, auch mit ausgewiesenen Experten besetzt, die die wertvollen Objekte bestimmten. Darunter befand sich Johann Christoph Freiherr von Aretin, Mitglied der Bayerischen Akademie der Wissenschaften, Historiker, Jurist und Begründer des bayerischen Bibliothekswesens, das sich gerade auch auf kirchliche und klösterliche Bestände stützte. Wie Montgelas war er durchaus Anhänger Napoleons und propagierte die „Revolution von oben". Zahlreiche Kunstschätze fanden ihren Weg in die Münchner Sammlungen, wie beispielsweise die mittelalterlichen Preziosen aus dem Bamberger und dem Regensburger Domschatz, die Teil der kurfürstlichen Schatzkammer wurden. Auch zahlreiche Altargemälde aufgelöster Kirchen gelangten in die kurfürstlichen Sammlungen und befinden sich heute in der Alten Pinakothek und im Bayerischen Nationalmuseum.

In München wurden die Bettelorden aufgelöst, viele Kirchen und Kapellen geschlossen und zum Teil abgerissen sowie Prozessionen eingeschränkt und kirchliche Feiertage abgeschafft. Der Widerstand der Geistlichkeit war angesichts der militärischen Übermacht Bayerns gering, doch erschien vielen Menschen die neue Religionsverachtung als Rückfall in barbarisches Heidentum. Ein Zentrum des Protestes gegen die Säkularisation und die religiöse Liberalisierung wurde die Marianische Männerkongregation, die sich regelmäßig in der Münchner Bürgersaalkirche traf. Doch konnte ihr Beten nichts am strikten Kurs des Kurfürsten und seines Ministers ändern. Mit der Aufhebung der Klöster entstanden Freiflächen in der Innenstadt, auf denen bald großzügige städtebauliche Maßnahmen verwirklicht werden konnten. So wurde auf dem Areal des ehemaligen Franziskanerklosters vor der Residenz der Max-Joseph-Platz angelegt und das Heilig-Geist-Spital musste dem neuen Viktualienmarkt weichen.

Bayern übernahm nicht nur geistliche Besitzungen, sondern auch 15 freie Reichsstädte, darunter Rothenburg ob der Tauber, Dinkelsbühl, Kaufbeuren, Schweinfurt und Weißenburg. Frankreich sicherte all diese Maßnahmen militärisch ab und erhielt enorme Summen an Bestechungsgeldern. Allein 1802 überwies München mehr als 1 Million Gulden nach Paris. Der Gebietszugewinn, der 1803 auch reichsrechtlich bestätigt wurde, übertraf zuletzt gar die bayerischen Verluste linksrheinischer Gebiete an Frankreich.

Montgelas setze nun auch eine umfangreiche Verwaltungsreform um, die Bayern bürokratisierte und zentralisierte. Religionsfreiheit konnte endlich Realität werden, wobei der Minister für seine Maßnahmen starke Unterstützung von Kurfürstin Karoline erhielt. 1802 wurde die Leibeigenschaft aufgehoben und 1808 die Gleichheit aller Untertanen vor dem Gesetz garantiert. Montgelas setzte die allgemeine Schulpflicht um, hob Steuerfreiheit und andere Adelsprivilegien auf, humanisierte das Strafrecht und beendete offiziell die Hexenverfolgungen. Durch seine „Revolution von oben" hatte Bayern in kurzer Zeit einen Riesenschritt auf dem Weg zum Verfassungsstaat getan. Hatte die absolutistische Ära dem Fürsten noch alle Machtfülle zugewiesen, so sollte nun der Staat Sitz und Quelle der Macht werden.

Alle Staatsreformen vollzogen sich vor weltgeschichtlich fundamentalen Umbrüchen. Anfang Dezember 1805, genau ein Jahr nach seiner Selbstkrönung zum Kaiser der Franzosen, siegte Napoleon in der verlustreichen Dreikaiserschlacht bei Austerlitz über Österreich und Russland. Das war der Todesstoß für das längst kraftlos dahinsiechende Heilige Römische Reich Deutscher Nation, das in diesem Moment aufhörte zu existieren. Auf seinem Rückweg nach Frankreich zog Napoleon nach München. Dieser Staatsbesuch veränderte Bayerns Geschichte nachhaltig und grundsätzlich. Die Stadttore wurden geöffnet, Illuminationen empfingen den Gast, die Grande Armée bezog Quartier im Schlosspark Nymphenburg, russische und österreichische Kriegsgefangene wurden in den noch erhaltenen Münchner Kirchen untergebracht. Kaiserin Josephine war ihrem Gemahl auf halbem Weg entgegengereist und empfing Napoleon in der Münchner Residenz. Als Gastgeschenk überreichte der Kaiser Kurfürst Max IV. Joseph seinen Ehrendegen der Französischen Legion, bis heute ein wertvolles Exponat der Schatzkammer. Aber konnte der Kurfürst diesen Degen annehmen, der gegen Bündnispartner gekämpft, der so viele ehemals bayerische Gebiete vernichtet, der das Schicksal Kurfürstin Karolines und ihrer Familie bestimmt hatte? Max IV. Joseph musste den Degen annehmen und machte sich damit vor den Augen der französischen und bayerischen Militärs und Diplomaten zum Bündnispartner und Gefolgsmann Napoleons, übernahm demonstrativ die politischen Ziele, für die diese Waffe stand, und wurde gleichsam zur Marionette des Kaisers der Franzosen. Vor diesem Hintergrund erfolgte am 1. Januar 1806 Max IV. Josephs Proklamation zum König von Bayern. Fortan nannte er sich Max I. Joseph. In seiner Thronrede betonte der König, dass „(…) das Ansehen und die Würde des Herrschers in Baiern seinen alten Glanz und vorherige Höhe zur Wohlfahrt des Volkes und zum Wohle des Landes wieder erreichte" – gänzlich war das absolutistische Pathos offenbar noch immer nicht verdrängt worden und

Das 1835 enthüllte Denkmal für Bayerns ersten König Max I. Joseph vor der Residenz.

von den geschichtlichen und politischen Tatsachen wurde nichts verlautbart. Österreich musste zähneknirschend anerkennen, dass Bayern Königreich wurde. Doch auch die Begeisterung der Münchner hielt sich in Grenzen. Nicht einmal eine Krönung im üblichen Sinne fand statt. Die eigens in Paris angefertigten Kroninsignien – heute ebenfalls Glanzstücke der Schatzkammer der Residenz – kamen nicht zum Einsatz. Die Rangerhöhung Bayerns war zwar ein lang gehegtes Projekt der Wittelsbacher, das seit Kaiser Ludwigs IV. Zeiten nie ganz aus den Augen verloren worden war. Doch dass man sie nun aus Gnade Napoleons erhielt, gegen den Bayern lange gekämpft hatte, und dass sich Bayern durch diesen Schritt ganz in den Bannkreis Frankreichs stellte, empfand man sowohl in Regierungskreisen als auch innerhalb der königlichen Familie und bei der Bevölkerung als sehr zweifelhafte Ehre. Das politische Zugeständnis war der Beitritt Bayerns zum von Napoleon gegründeten Rheinbund. Damit verpflichtete sich Max Joseph zugleich, Napoleon bei künftigen Kriegen mit umfangreichen bayerischen Kontingenten zu unterstützen. Für Montgelas bedeutete das Bündnis mit Frankreich einen Akt der Staatsräson. Bayern erhielt als Gegenleistung Tirol zugesprochen und zog gegen Österreich und Russland in die folgenden Koalitionskriege.

Als private Konzession musste Max Joseph seine Tochter Augusta Amalia mit Napoleons Adoptivsohn Eugène de Beauharnais vermählen. Der 25-Jährige hatte zu diesem Zeitpunkt schon eine steile Militärkarriere gemacht, war von seinem Stiefvater zum Offizier ernannt worden und hatte ihn auf den Feldzügen nach Italien und Ägypten begleitet. Nun war er Vizekönig Italiens, von wo aus er nach München reiste. Die Trauung fand nach französischem Zivilrecht – also nicht kirchlich – in der Grünen Galerie der Münchner Residenz statt. Jahre später, nachdem Napoleon endgültig besiegt worden war, erhielt Eugène de Beauharnais den Adelstitel des Grafen von Leuchtenberg und Fürsten von Eichstätt und bezog mit seiner jungen Familie ein stattliches neues Palais: den um 1820 errichteten Stadtpalast am Beginn der neu entstehenden Ludwigsstraße. Das Palais Leuchtenberg – heute Bayerisches Ministerium der Finanzen – wurde ein Meisterwerk moderner klassizistischer Architektur des jungen Architekten Leo von Klenze. Aber dazu später mehr.

1809 kam Napoleon ein drittes Mal nach München und wohnte in Schloss Nymphenburg. Der französische Kaiser stand auf dem Höhepunkt seiner Macht und Bayern fühlte sich inzwischen ebenfalls auf der Gewinnerseite. Das junge Königreich erhielt weitere Gebiete wie die ehemals freie Reichsstadt Nürnberg und kaufte Bayreuth von Frankreich. Nach einem erneuten Sieg über Österreich 1810 fiel der Lohn noch stattlicher aus: Salzburg, Berchtesgaden, das Innviertel und das Fürstentum Regensburg wurden bayerisch. Die neuen staatlichen Verwaltungsstrukturen in München konnten mit der rasanten Gebietsentwicklung kaum Schritt halten.

Mit den politischen Erfolgen gewannen die Wittelsbacher auch bei der Bevölkerung an Ansehen zurück. Ausdruck der neuen Begeisterung wurde ein Pferderennen, das aus Anlass der Hochzeit zwischen Kronprinz Ludwig und Prinzessin Therese Charlotte von Sachsen-Hildburghausen im Oktober 1810 stattfand. Begleitet vom Donner der Kanonenschüsse und unter dem Jubel der Bevölkerung fuhr die königliche Familie in offenen Sechsspännern auf das weite Gelände, wo die Nationalgarde für die Ehrengäste ein Festzelt bereitgestellt hatte. Leuchtend blauer Herbsthimmel und angenehme Temperaturen trugen nicht unerheblich zum Erfolg des Spektakels bei, mit dem auf einer Wiese vor den Toren Münchens die Tradition der alljährlichen Oktoberfeste begann – der „Münchner Wiesn".

Doch Napoleons Stern sollte bald sinken. General Carl Philipp Joseph von Wrede kommandierte die bayerischen Kontingente der riesigen fast eine halbe Million Soldaten zählenden Armeen Napoleons auf dem Russlandfeldzug im Sommer und Herbst 1812. Auch Eugène de Beauharnais war als Offizier dabei, als Napoleon sein großes Desaster erlebte. Die Einnahme Moskaus sollte kein Sieg sein, der Zar war den Schlachten geschickt ausgewichen. Und er konnte sich auf den einbrechenden strengen russischen Winter verlassen. Über 30.000 bayerische Soldaten kehrten nicht in ihre Heimat zurück, verreckten elendig wie Zehntausende Kameraden auf dem endlosen Rückweg. Eine traumatische Erfahrung, die rasch ein völliges Umdenken in Sachen Allianz mit Frankreich bewirkte. Die antifranzösische nationale Befreiungsbewegung fasste nun auch in Bayern Fuß. Kronprinz Ludwig stellte sich angesichts der hohen Verluste an die Spitze der Napoleongegner und drängte seinen Vater zum Bündniswechsel. Sogar Montgelas wollte jetzt die Abkehr von den Franzosen, bevor Napoleons Stern ganz versank.

Nach langem Zögern war Max Joseph schließlich zum Seitenwechsel bereit. Im Oktober unterzeichnete General Wrede, dessen Standbild in der Feldherrnhalle zu sehen ist, den Vertrag von Ried. Damit verließ Bayern den Rheinbund und schloss sich der Allianz gegen Frankreich an. Nur zehn Tage später wurde Napoleon in der Völkerschlacht bei Leipzig besiegt und das bayerische Heer versuchte bei Hanau, den napoleonischen Truppen den Rückweg abzuschneiden. Die anschließenden Schlachten bei Bar-sur-Aube und Arcis-sur-Aube stellten Bayerns Loyalität gegenüber Österreich und Preußen unter Beweis. Napoleon dankte im April 1814 ab. Von Österreich und Preußen ließ sich König Max Joseph dafür die bayerische Souveränität vertraglich bestätigen. So sicherte der Wiener Kongress 1815 nach dem Sieg über Napoleon Bayerns Fortbestand als Königreich und etablierte es als drittgrößten von 35 Kleinstaaten im Deutschen Bund.

Zwei Jahre später, am 26. Mai 1818, krönte eine erste bayerische Verfassung das staatliche Reformwerk, erarbeitet von Montgelas' engstem Mitarbeiter Friedrich von Zentner und vom liberalen Bürgertum bejubelt. München war die erste deutsche Stadt, in der eine Landesverfassung verkündet wurde. Sie garantierte Freiheits- und Gleichheitsrechte und eine Volksvertretung mit klar umrissenen politischen Funktionen. Gleichwohl war sie ein Geschenk des Königs an sein Volk, Ausdruck der vollendeten Revolution von oben und der königlichen Souveränität. „Der König ist das Oberhaupt des Staates, vereinigt in sich alle Rechte der Staatsgewalt und übt sie unter den von ihm gegebenen in der gegenwärtigen Verfassungsurkunde festgesetzten Bestimmungen aus. Seine Person ist heilig und unverletzlich", hieß es in der Verfassung. Der König berief die Richter, führte den Oberbefehl über das Heer, ernannte und entließ die Minister und bestimmte die Reichsräte für die erste Kammer der Volksvertretung. Nur die Vertreter der zweiten Kammer, die Abgeordneten, wurden vom Volk gewählt. Doch das Wahlrecht unterlag starken Einschränkungen, war gebunden an Vermögen, Grundbesitz und Einkommen. Und ein Recht zur Gesetzesinitiative des Parlamentes gab es nicht. Von tatsächlicher Volkssouveränität konnte somit noch keine Rede sein – aber es war ein Anfang.

30 Jahre nach dem Sturm auf die Bastille hatten die Wittelsbacher ihre Herrschaft über alle Umbrüche der Zeit, die Kriege und Revolutionen, hinwegretten können. München war zum Zentrum eines modernen Staates und die Residenz zum politischen Mittelpunkt einer konstitutionellen Monarchie geworden.

Auch der Lebensstil im Palast änderte sich grundlegend. Die aufwendige und teure Hofhaltung, die im späten 18. Jahrhundert unter Karl Theodor ihren Höhepunkt erreicht hatte, wurde drastisch reduziert. An die Stelle der endlosen Speisetafeln trat das Essen im kleinen Familienkreis, die königliche Leibgarde wurde aufgelöst und das Empfangszeremoniell nahezu aufgehoben. König Max Joseph trug nun auch keinen Zopf mehr, der bei seinen Vorgängern Zeichen ihrer absoluten Herrschermacht gewesen war.

Ohne Repräsentation kam aber auch die neue Monarchie nicht aus. Baulich musste München erst zu einer königlichen Stadt werden und in der Residenz schmiedete man entsprechende Pläne. Die Errichtung des Nationaltheaters, der Münchner Oper, wurde zum Auftakt für zahlreiche Bauprojekte, welche die Stadt bald zu einer der führenden Kunstmetropolen Europas machen sollten.

ATHEN AN DER ISAR

München als königliche Residenzstadt

König Ludwig I. ist fasziniert von antiken Stätten. Er lässt zahlreiche Gebäude im Stil der Antike, der Neuromanik und Neugotik errichten. Die Münchner aber sind unzufrieden mit ihrem Monarchen, der sich alle Freiheiten erlaubt, das Volk jedoch knebelt. Die Liaison mit einer Tänzerin und revolutionäre Tumulte bringen ihn zum Sturz. Sein Nachfolger verschließt sich der Gründung eines Deutschen Reichs. München wird Kunststadt, Verkehrsknotenpunkt, Industriestandort und Stätte von Forschung und Lehre.

Bayerns erster König Max Joseph starb im Oktober 1825 in Schloss Nymphenburg. Sein Sohn und Thronfolger Ludwig I. (1786–1868) war noch in den Zeiten des Absolutismus aufgewachsen – seine Taufpaten in Straßburg waren Frankreichs König Ludwig XVI. und Königin Marie Antoinette. Die Folgen der Französischen Revolution, das Schreckensregime in Paris und die langen Koalitionskriege hatten bei dem späteren Monarchen eine ausgesprochen frankreichfeindliche Einstellung gefördert. Schon als Tirol 1806 auf Napoleons Anordnung hin bayerisch wurde, zeigte der 20-jährige Prinz Verständnis für die Aufstände der Bevölkerung, unterstützte gar Andreas Hofer. „Ich war für alle, die gegen Napoleon und Frankreich waren", schrieb Ludwig I. rückblickend über seine Jugend. Das bürokratische System des ersten Ministers seines Vaters, des Grafen Montgelas, und die Maßnahmen der Säkularisation lehnte er rigoros ab. Seine Haltung gegenüber Napoleon, den er als „politischen Satan" betrachtete, brachte Ludwig in einen jahrelangen, schweren Grundsatzkonflikt mit seinem Vater. So war es nur konsequent, dass sich mit der Thronfolge Ludwigs I. Bayerns politische Ausrichtung grundlegend änderte.

Der neue Monarch liebte die antiken Stätten im Mittelmeerraum. Bereits als Kronprinz hatte er Italien mehrfach bereist, war begeistert von Florenz und Pompeji und unterhielt sogar einen eigenen Palast in Rom, die Villa Malta auf dem Quirinal. Seit 1810 förderte er eine deutsche Künstlerkolonie in Rom. Maler, die sich als Jünger Christi empfanden und in einfachen Gewändern unterwegs waren, bemühten sich im Stile Raffaels im frühen 16. Jahrhundert zu arbeiten. Der Monarch schätzte Raffaels Werk als Höhepunkt der europäischen Malerei. Später, als König, erteilte er den „Nazarenern", wie die Römer die Künstler in der Nachfolge Raffaels spöttisch nannten, große Aufträge in München. In ihnen sah er die gelungene Synthese zwischen nordeuropäischer und südländischer Kunst, zwischen Deutschland und Italien. Diese Verbindung zwischen „Germania und Italia", wie ein Gemälde des Nazareners Johann Friedrich Overbeck bezeichnenderweise heißt, wurde zu einer der großen Leitideen des Kronprinzen – ganz gegen den Willen seines an Frankreich orientierten Vaters. Das Gemälde zeigt zwei junge Damen in inniger Zuneigung. Doch ist deutlich erkennbar, dass Germania spricht und ihre Hände die Initiative ergreifen, während Italia ehrfürchtig lauscht und ihre Hand ergeben in diejenigen der Germania legt. Es ist, als habe Germania das Erbe der antiken Kunst und Bildung angetreten und sei nun in der Verantwortung, diese Schätze zur Vollkommenheit zu bringen.

1826, schon im ersten Jahr seiner Regierung, legte Ludwig I. den Grundstein für den Bau der Alten Pinakothek, eines Museums nach den Plänen des Architekten Leo von Klenze. Die Wittelsbacher Gemäldesammlung, die im 16. Jahrhundert unter Herzog Wilhelm IV. begonnen worden war, wurde dadurch der Öffentlichkeit zugänglich gemacht. Aufsehenerregend war jedoch Ludwigs I. Idee, nicht nur die alten Meister, sondern auch zeitgenössische Künstler zu präsentieren, wie etwa die Romantiker und die Nazarener. Dafür gab er 1846 den Bau der Neuen Pinakothek in Auftrag, deren

Sammlung Ludwigs I. Begeisterung für Klassizismus und Romantik widerspiegelt. Die Außenfassaden der Neuen Pinakothek ließ er mit großen Fresken verzieren, die der Akademieprofessor Wilhelm von Kaulbach zur Verherrlichung des Monarchen anfertigte. Eine zeigt Ludwig I. in schwarzem Ornat vor seinen Museen, der Glyptothek und den Pinakotheken. Gönnerhaft breitet er die Arme aus und empfängt die Werke seiner Künstler und Sammler. Wahrlich: Die Kunstförderung war enorm, aber frei war die Kunst nicht. Denn welche Kunst gezeigt wurde, und welche Kunst nicht gezeigt wurde, bestimmte allein der Monarch. Zudem verfolgten Kunst und Bildung einen eindeutigen Zweck: die Erziehung des Bürgers im Geist der Monarchie.

Der Architekt Leo von Klenze hatte in Paris studiert und war zunächst im napoleonischen Kassel tätig gewesen. Kronprinz Ludwig lernte Klenze 1814 auf dem Wiener Kongress kennen, wo sich dieser nach dem Zusammenbruch des Napoleonischen Systems nach neuen Auftraggebern umsah und für die Errichtung einer Befreiungshalle warb. 1816 begann Klenze seine Karriere als Hofbauintendant in München. Neben der Alten Pinakothek führte er zahlreiche weitere Großaufträge aus, die das klassizistische Erscheinungsbild der Residenzstadt maßgeblich prägen: die Glyptothek und die Propyläen am Königsplatz, Erweiterungen der Residenz, Teile der Ludwigstraße, Ruhmeshalle und viele Gebäude mehr. München verwandelte sich ab 1820 für Jahrzehnte in eine überdimensionale Baustelle.

„Ich will aus München eine Stadt machen, die Teuschland so zur Ehre gereichen soll, dass keiner Teuschland kennt, wenn er nicht München gesehen hat", ließ der baubegeisterte König verkünden. München sollte sich ausdehnen, europaweit Beachtung finden und sich nicht vor Kunststädten wie Florenz, Wien, Dresden und Rom verstecken müssen – so der Wunsch des Monarchen. Er war Enthusiast, nicht Systematiker oder Forscher, wenn es um das Sammeln oder Beauftragen von Kunstobjekten ging, und er wollte Kunststile und -motive miteinander verbinden: die Antike mit dem Mittelalter, Italia und Germania, den Klassizismus und die Romantik. Vor allem aber wollte er München baulich in ein „Isar-Athen" verwandeln. Griechenland faszinierte ihn ganz besonders und Ludwig I. fasste seine Leidenschaft in Verse: „Glühend verkläret sind die Lüfte, es glühet das Meer, die Gefilde." Schon 1810 förderte Prinz Ludwig die Ausgrabungen auf der Insel Ägina und erwarb über seinen Kunstagenten Johann Martin Wagner im darauffolgenden Jahr die umfangreiche Figurengruppe des Tempels von Ägina, die „Ägineten". Die griechische Kultur galt ihm gleichsam als Wiege der Bildung und Zivilisation: „Dass mir vergönnt nicht war, Ihr Griechen, zu leben bei Euch / Lieber denn Erbe des Thrones wär ich helenischer Bürger", dichtete Ludwig I. Selbst seine Ansprache bei Regierungsantritt 1825 stellte er unter das Motto: „Ich werde nicht ruhen, bis München aussieht wie Athen!" – ein aufwendiges und sehr teures Versprechen.

Griechenlandbegeisterung war in jenen Tagen ein in Europa weitverbreitetes Phänomen und hing mit der politischen Entwicklung in dem osmanisch regierten Land zusammen. Seit 1814 organisierten sich dort die griechischen Patrioten in Geheimbünden, um die Befreiung von den Türken zu planen. 1822 proklamierte ein griechischer Nationalkongress die Selbstständigkeit des Landes, aber die Kämpfe sollten noch jahrelang andauern. Viele Europäer entdeckten plötzlich ihre Verbundenheit mit Griechenland und machten sich auf, dem Land Beistand zu leisten.

Griechenlands Zukunft beschäftigte auch die bayerische Außenpolitik. Auf einer Londoner Konferenz 1832 erkannten die europäischen Großmächte die Souveränität Griechenlands an, verfügten aber zugleich, dass eine europäische Mittelmacht dort die Herrschaft übernehmen sollte – viel zu bedeutend war ihnen die strategische Lage des Peloponnes. Die Wahl fiel auf das Königreich Bayern, denn Bayerns König Ludwig I. hatte drei Söhne und konnte somit die eigene Thronfolge sicherstellen und die Regierung in Griechenland übernehmen. Überglücklich entsandte König Ludwig I. seinen erst 17-jährigen zweiten Sohn Otto als griechischen König nach Nafplion

(Nauplia), das zunächst Hauptstadt des Landes bleiben sollte. In der einstigen Burg der Venezianer und Osmanen plante Otto den Aufbau des Landes, gründete eine Universität in Athen und gab Griechenland einige Jahre später eine Verfassung. Als der Tross Ottos von der Münchner Residenz aus nach Griechenland aufbrach, befanden sich zahlreiche Berater, Beamte und Wissenschaftler darunter. 1834 machte sich auch Leo von Klenze zu seiner ersten Griechenlandreise auf. Gemeinsam mit seinem Berliner Kollegen Karl Schinkel und von Ludwig I. finanziert, begann er, die Athener Akropolis auszugraben und zu rekonstruieren. Außerdem entwarf Klenze ein städtebauliches Konzept zur Vergrößerung Athens und plante dort eine Wittelsbacher-Residenz. Gleichzeitig unternahm Carl Rottmann, ein begnadeter Landschaftsmaler und Meister dramatischer Lichteffekte, seine Studienreisen durch Griechenland.

In München setzte Leo von Klenze der bayerisch-griechischen Epoche mit der Errichtung der Propyläen ein ganz besonderes Denkmal. Stilistisch ist der Bau an den Westeingang der Akropolis angelehnt und schließt die Reihe der Tempelbauten am Königsplatz ab. Im Zentrum der Figurengruppe des Giebels sieht man Otto als König von Griechenland. Die Fertigstellung der Propyläen erfolgte jedoch erst, als die Wittelsbacher 1862 nach Aufständen bereits wieder aus Griechenland vertrieben worden waren, denn Ottos Regierung wurde von den Griechen schließlich als „absolutistische Bayernherrschaft" empfunden.

Einen ganz besonderen Traum erfüllte sich Ludwig schon als Kronprinz mit dem Erwerb des fast 2.300 Jahre alten „Barberinischen Faun", eines Meisterwerks der griechischen Klassik. Erst nach zweijährigen trickreichen Verhandlungen gelang es dem Kunstagenten Johann Martin Wagner 1806 schließlich, Papst Pius VII. den „Faun" abzuluchsen. Doch der Papst wollte die Figur auch nach dem Handel in den Vatikanischen Museen behalten und verweigerte deren Ausfuhr. Erst 1819 erwirkte Charlotte, Schwester Ludwigs I. und Gemahlin Kaiser Franz' I. von Österreich, die Erlaubnis für den Transport der tonnenschweren Skulptur über die Alpen, der sich als überaus schwierig und abenteuerlich erweisen sollte. Doch Ludwigs Beharrlichkeit hat sich gelohnt: Der schlafende „Faun" ist bis heute das Prunkstück der Münchner Glyptothek.

Die umfangreichste Baumaßnahme des Königs wurde das Gesamtensemble der Ludwigstraße vom Odeonsplatz bis zum Siegestor. Klenze wurde dabei 1827 von dem Akademiedirektor und Architekten Friedrich von Gärtner abgelöst, der vom König ebenfalls stark gefördert wurde und das Münchner Stadtbild maßgeblich mitgestaltete. Gärtner brachte in Klenzes strengen klassizistischen Baustil neuromanische, neugotische und byzantinische Elemente ein. Wo sich eben noch die alte Freisinger Landstraße über freie Felder erstreckte, verlief nun die prachtvolle und breite Ludwigstraße, die selbst heutigen Verkehrsanforderungen gerecht wird. Ludwig I. ließ die Straße als „via triumphalis", als Prachtstraße, anlegen, deren repräsentativer Stil heute zahlreichen Ministerien und staatlichen Behörden ein würdiges Ambiente bietet. Als General Charles de Gaulle 1962 München besuchte, stellte er beim Anblick der Ludwigstraße anerkennend fest: „Voilà, une capitale!" – „Sieh' an, wahrlich eine große Stadt!", doch niemand wies den französischen Präsidenten darauf hin, wie sehr Ludwigs Klassizismus gegen Frankreich und Napoleon zielte.

Auch bei seinen Bauprojekten außerhalb Münchens pflegte Ludwig I. eine Vorliebe für das Monumentale, wie die Befreiungshalle bei Kelheim und die Walhalla bei Regensburg eindrucksvoll belegen. Deutsche Identität, humanistische Bildungsbegeisterung und bayerische Souveränität fanden einen verbindenden baulichen Ausdruck. Zugleich sind sie Zeugnisse eines Monarchen, der versuchte, seiner Herrschaft über ein noch junges Staatsgebilde einen prägenden und unübersehbaren Ausdruck zu verleihen. „In Bayern regiert nicht der Minister, sondern der König", stellte Ludwig I. selbstbewusst fest. Und so zeigt das Krönungsgemälde Ludwigs I. von Joseph Stieler den Monarchen in entsprechend unmissverständlicher Haltung: Eine mit einem Handschuh bekleidete Hand hält das Zepter fest in der Faust und legt es auf die geschlossene Verfassung.

Die kolossale Bavaria oberhalb der Theresienwiese ist eine technische Meisterleistung.

Eine klare Botschaft: Am Zepter vorbei führt kein Weg zur Verfassung. Der Verfassung und dem Liberalismus gegenüber zeigte er sich nur dann aufgeschlossen, wenn sie ihn in seinen Zielen nicht behinderten.

Eine technische Sensation gelang 1850 der königlichen Erzgießerei Ferdinand von Millers mit dem Guss der „Bavaria". Es handelt sich um eine nach den Entwürfen Ludwig von Schwanthalers gestaltete überdimensionale Allegorie Bayerns, eine Frauenfigur mit Schwert und Eichenkranz neben einem sitzenden Löwen. Zum Zeitpunkt ihrer Aufstellung war sie mit über 18 Metern Höhe die gewaltigste Bronzegussleistung seit der Antike. Ludwig I. verglich sie in ihrer Bedeutung mit der Figur Kaiser Neros vor dem Kolosseum in Rom. Die „Bavaria" wurde auf einer Anhöhe bei der Münchner Theresienwiese aufgestellt, vor der klassizistischen Ruhmeshalle, die der König zeitgleich als Gedenkstätte für „ausgezeichnete Bayern" von Klenze errichten ließ. In Verbindung mit den jährlichen Paraden und Festzügen zum Oktoberfest sollte sie allen Bayern eine bildhafte Vorstellung des Königtums geben und gerade den Neu-Bayern aus Franken und den ehemaligen Reichsstädten das Zentrum Bayerns vor Augen führen. Bis heute wird die Reihe der Büsten in der Ruhmeshalle ergänzt.

Die Bevölkerung indes verfolgte die Bau- und Sammelleidenschaft des Königs mit großer Skepsis und sogar mit Spott. Eine Beteiligung städtischer Behörden an den Entscheidungen gab es nicht. Gleichwohl zwang Ludwig I. die Stadt zur Mitfinanzierung seiner teuren Projekte. Die Kosten für die Prachtbauten waren so gewaltig, dass Bürgermeister Jacob Bauer wiederholt protestierte. Widerspruch – erst recht an seinen Bauprojekten – ließ der König jedoch nicht zu. Allein für die Ludwigskirche und deren Ausmalung, um nur eine Baumaßnahme an der neuen Ludwigstraße zu nennen, hatte die Stadt fast 900.000 Gulden aufzubringen. Mit dem gewaltigen Fresko in ihrem Inneren beauftragte der König den Nazarener Peter Cornelius.

Die Lebensverhältnisse vieler Münchner standen im krassen Gegensatz zu dem Prunk, den Ludwig I. mehr und mehr um sich herum entfaltete. Damit sind die wild wachsenden Vorstädte rechts der Isar noch gar nicht gemeint, denn Haidhausen, Au und Giesing waren zu diesem Zeitpunkt noch gar nicht eingemeindet. Dennoch stieg dort die Bevölkerungszahl unentwegt rasant an, da sich viele Menschen Arbeit erhofften von der dynamisch wachsenden Stadt. Schulen, Krankenhäuser, Brunnen, Infrastruktur – auf der anderen Seite des Flusses fehlte es an allen Einrichtungen für ein menschenwürdiges Leben. Seit dem Hungerjahr 1817 war die Zahl der Armen nochmals stark angestiegen. Münchens Hilfsanstalten waren in finanzieller Not und durch unzureichende hygienische Bedingungen breiteten sich Krankheiten ungehindert aus. Abfälle und Fäkalien landeten weiterhin auf den Straßen und Gehwegen und drohten stets, das Trinkwasser der Brunnen zu verunreinigen. Häufig lag übelster Gestank über der Stadt. 1836 brach die Cholera aus, die fast 1.000 Menschenleben forderte, und schon zwei Jahrzehnte später wütete sie erneut. Die Besucher einer gerade stattfindenden

Industrieausstellung flohen in Panik aus der Stadt. Bei der zweiten Epidemie starben etwa 3.000 Münchner, darunter Ludwigs I. Gemahlin, Königin Therese. Als die Cholera 1854 überwunden war, beschloss der Münchner Stadtrat, den Schrannenplatz als Zeichen des Dankes an die Gottesmutter in Marienplatz umzubenennen.

Die Erkenntnisse, die er während der Epidemiezeiten gewonnen hatte, veranlassten den Arzt und Hygieneforscher Max von Pettenkofer in der zweiten Hälfte des 19. Jahrhunderts, sich nachdrücklich für den Bau einer Kanalisation einzusetzen. Stadtbaumeister Arnold Zenetti leitete das Großprojekt. Bis zur Jahrhundertwende entstand so ein dringend erforderliches Kanalsystem von 225 Kilometern Länge, an das fast 80 Prozent der Wohnungen angeschlossen werden konnten. Erst nach Abschluss dieser Maßnahme verschwanden die Seuchen.

Doch zurück zu Ludwig I. Schon als Kronprinz war er politisch aktiv. Nach den Säkularisierungsmaßnahmen seines Vaters war ihm die Versöhnung mit dem Papst ein wichtiges Anliegen. Ludwig I. förderte die Einrichtung neuer Bistümer, und München wurde 1821 Sitz des Erzbistums München-Freising. Die Stadt erhielt neue Pfarreien und Kirchen. Selbst einige Klöster kehrten zurück. Den Benediktinern war Ludwig I. besonders verbunden. Ihr Zentrum wurden das neue Kloster und die im neuromanischen Stil errichtete Pfarrkirche St. Bonifaz, die der König zu seiner Grabstätte bestimmte. Vergleichbar dem Wirken des Heiligen Bonifatius, des „Apostels der Deutschen" im 8. Jahrhundert, betrachtete Ludwig seinen Einsatz für die Rekatholisierung Bayerns. Neben der antiken Kunst und Philosophie bildete somit die Religionspolitik die zweite tragende Säule seines Königtums.

Durch die Verlegung der Universität von Landshut wurde München 1826, kurz nach Regierungsantritt Ludwigs I., Universitätsstadt. Die Hochschule wurde zunächst provisorisch im ehemaligen Jesuitenkolleg untergebracht, bis Friedrich von Gärtner 1840 einen Gebäudekomplex an der Ludwigstraße fertiggestellt hatte, der 1.300 Studenten Platz bot und der noch heute Zentrum der

Universität ist. Ihr zunächst liberaler und aufgeklärter Lehrkörper geriet jedoch zunehmend unter den Einfluss der vom König nach München berufenen katholischen Geistlichkeit. Wie kam es aber zu dieser deutlichen Wende in der politischen Einstellung Ludwigs I.?

1825, zu Beginn seiner Regierungszeit, ließ der König Pressefreiheit zu und ernannte ausgesprochen liberale Minister. Die Errichtung des Bayerisch-Württembergischen Zollvereins war eine ebenso liberale wie auch wirtschaftlich entscheidende Weichenstellung, die wenige Jahre später zur Gründung des Deutschen Zollvereins führte. Ludwig I. wies sich damit als Vorreiter einer deutschen Wirtschaftseinheit aus.

Als jedoch die französische Julirevolution 1830 in Paris den „Bürgerkönig" Louis Philippe an die Macht brachte, gab Ludwig I. seine liberalen politischen Ansätze schlagartig auf. Ähnlich wie Kurfürst Karl Theodor ließ auch er einer anfänglich liberalen Phase bald eine restaurative folgen. Die von ihm selbst eingeführte freie Presse begann ihm nun Angst zu machen, er befürchtete Unruhen. Innenminister Eduard von Schenk erließ daraufhin Zensurverordnungen, die insbesondere bei den Studenten zu Protesten führten. Ludwigs I. Misstrauen gegenüber den Verfassungsorganen wuchs, vor allem gegenüber dem mehrheitlich liberalen Landtag. Die studentischen Forderungen nach Freiheit und Einheit auf dem Hambacher Fest 1832 ließen ihn schließlich auf einen Politikstil nach dem Vorbild des österreichischen Staatskanzlers Fürst von Metternich einschwenken. Diesem war es gelungen, in Österreich alle Freiheitsbewegungen zu unterdrücken und damit eine starke Monarchie zu erhalten.

1832 ordnete Ludwig I. die bayernweite Schließung von Druckereien an, er verbot Zeitungen, ließ unliebsame Beamte versetzen und Demagogen verfolgen. Auf Münchens Straßen war nun Geheimpolizei unterwegs, die revolutionäre Aktionen verhindern sollte. Sogar eine längst abgeschaffte Gepflogenheit aus absolutistischen Zeiten führte Ludwig I. wieder ein: die kniefällige, demütige Abbitte, die Widersacher vor seinem Bildnis leisten mussten. Auswandern oder Gefängnis – so lauteten nun die wenig verlockenden Alternativen für viele liberale Wortführer.

1837 ernannte der König Carl von Abel, der das folgende Jahrzehnt maßgeblich prägen sollte, zum neuen Innenminister. Abel war ein strikter Vertreter des politischen Katholizismus und lehnte jegliche Freiheiten für Protestanten ab. Abels Maßnahmen stießen auf die Gegenwehr aller Liberalen, doch der verordnete Katholizismus bestimmte zunehmend Gesellschaft, Lehre und Politik, obwohl Ludwigs I. Mutter, seine Gemahlin und seine Schwiegertochter Protestantinnen waren.

Während die überaus beliebte Landesmutter Königin Therese sich den acht gemeinsamen Kindern widmete, pflegte Ludwig I. zahlreiche Affären – und dies nicht einmal im Geheimen. Die berühmte Schönheitengalerie in Schloss Nymphenburg drückt noch heute Ludwigs I. Taktlosigkeit gegenüber Familie und Volk aus: Er ließ insgesamt 36 junge Damen der Gesellschaft, aber auch Mädchen aus ärmlichen Verhältnissen, von seinem Hofmaler Josef Stieler porträtieren – und begnügte sich nicht immer mit ihren Abbildern. Ludwigs I. ungenierte Untreue wurde zum allgemeinen Gesprächsstoff, wie ein an das Portal der Ludwigskirche gehefteter Spruch belegt: „Vater Unser / der du bist in Italien / und wenig in deinem Reich / Lasse dich nicht in Versuchung führen von den Damen / sondern erlöse uns von dem Übel deiner Person / Amen." Der treulose Monarch ließ sich jedoch nicht belehren und verliebte sich in die Tänzerin, Schauspielerin und Hochstaplerin Lola Montez – eine Affäre, die der Monarchie insgesamt gefährlich werden sollte. Das Porträt Lolas ist sicherlich eines der bekanntesten der Schönheitengalerie. Stieler war ein begnadeter Porträtist im Stil des Idealismus und zeigt Lola mit schwarzem Haar und herausforderndem Blick.

Lola war irischer Abstammung, gab sich jedoch als Spanierin aus. Durch ihre Bühnenauftritte, vor allem aber durch ihre Liaisons mit Berühmtheiten wie dem Komponisten und Pianisten Franz Liszt hatte sie europaweit für Aufsehen gesorgt. Ludwig I. sah sie 1846 erstmals bei einem Gastspiel im Münchner Nationaltheater, lernte sie bei einer anschließenden Audienz kennen – und bald auch lieben. „Je ne suis pas demoiselle, je suis Madame, moi, je suis maitresse du Roi" – „Ich bin die Geliebte des Königs", verkündete Lola schon bald provozierend in aller Öffentlichkeit und erntete dafür bei den Münchnern keine Sympathie. Ein kleines Landhaus, ein Salettl, am Isarhochufer bot ihnen einen erotischen Zufluchtsort.

Die Affäre bekam eine politische Dimension, als Ludwig I. die Montez zur Gräfin machen wollte und das zuständige Ministerium sich seinem Wunsch widersetzte. Zuvor hatte die Stadtverwaltung bereits abgelehnt, Lola das Bürgerrecht zu gewähren, da sie die nötigen Nachweise über ihre persönlichen Verhältnisse nicht erbringen konnte. Der König tobte. Er entließ seine Minister und ernannte ein liberaleres Kabinett, das sogenannte Ministerium der Morgenröte, von dem er jedoch ebenfalls keine Zustimmung für den geforderten Adelstitel erhielt. Ein Vertrauter der Montez, Franz von Berks, bildete schließlich eine „lolafreundliche" Regierung, die ihr den Titel der „Gräfin Landsfeld" zusprach.

Das Ansehen der Monarchie war schwer beschädigt. Wegen „lolafeindlicher" studentischer Tumulte ließ der König die Universität schließen. 1848 eskalierte die Wut der Bürger über ihren antiliberalen König, dessen Geheimpolizei überall über Glauben und Moral wachte, der sich selbst jedoch jede nur erdenkliche Freiheit herausnahm.

So war die Atmosphäre in München äußerst gespannt, als zeitgleich in Frankreich erneut Unruhen ausbrachen. Ermutigt von der Pariser Februarrevolution kam es 1848 auch in vielen deutschen Städten zu Tumulten. Die verärgerten Münchner gingen auf die Straße, es kam zu öffentlichen Auseinandersetzungen und man verlangte eine ganze Reihe von Reformen: mehr Mitbestimmung, Abschaffung der Zensur, Einführung von Geschworenengerichten, neues Wahl- und Polizeirecht, Ministerverantwortlichkeit, Vereidigung des Heeres auf die Verfassung und vieles mehr. Die Aufständischen plünderten das Münchner Zeughaus am Jakobsplatz, bewaffneten sich und griffen die königliche Garde mit alten Hellebarden an. Der bedrängte Monarch war jedoch nicht bereit, den Forderungen nachzukommen. Zwar versprach er die Einberufung eines Landtags, dankte aber noch im März 1848 nach 23 Regierungsjahren verbittert ab. „Ein König wie der von England würde ich nie sein", schrieb er seinem Sohn Otto nach Griechenland und meinte damit, dass er sich als Monarch nicht dem Willen eines Parlaments zu unterwerfen gedachte. Auch nach seiner Abdankung zeigte Ludwig kein Verständnis. „Treu der Verfassung regierte ich, dem Wohl meines Volkes war mein Leben geweiht", lautete seine Abschiedsbotschaft. Der einstige König zog sich bis zu seinem Tod ins neu errichtete Wittelsbacher Palais an der Brienner Straße zurück. Lola, die königliche Mätresse, wurde des Landes verwiesen. Sie ging nach Australien und Amerika, hielt Vorträge, trat als Schauspielerin und im Zirkus auf und starb im Alter von nur 42 Jahren in New York. „Du gehst meinem Herzen nicht verloren, Du bleibst darin, ich lasse von Dir nie", dichtete Ludwig.

Bayern war der einzige deutsche Staat, dessen Monarch aufgrund der Revolution von 1848 zurücktrat, obwohl sie in München vergleichsweise unblutig verlief. Bereits Ende März 1848 eröffnete der Sohn und Nachfolger Ludwigs I., Maximilian II. (1811–1864), den Reformlandtag, der die Revolutionsforderungen umsetzen sollte. „Ich bin stolz, mich einen constitutionellen König zu nennen (…) Unser Wahlspruch sei Freiheit und Gesetzmäßigkeit", erklärte er vor den Abgeordneten und versuchte sich damit deutlich von der Haltung seines Vaters abzusetzen. Wie schon sein Großvater setzte auch Maximilian II. auf Reformen von oben und auf die Gewährung von gewissen Zugeständnissen, um damit Handlungsspielraum für die Monarchie zurückzugewinnen. Erfüllung der liberalen Forderungen in kontrollierbarem Maß, so lautete sein Prinzip. Er gewährte wieder Pressefreiheit, ließ die Unabhängigkeit der Richter garantieren, die adelige Grundherrschaft aufheben und führte ein erweitertes Wahlrecht ein. Das Parlament erhielt das Recht zur Gesetzesinitiative.

Nach Wahlen in allen deutschen Staaten stand jetzt die Nationalversammlung in der Frankfurter Paulskirche bevor, die eine deutsche Verfassung erarbeiten sollte. Die Chancen für die Gründung eines Deutschen Reiches standen nach der Revolution von 1848 gut. Bayern entsandte jedoch nur gemäßigt liberale Abgeordnete nach Frankfurt, die die Revolutionsideale von 1848 und den Wunsch nach deutscher Einheit nur sehr halbherzig vertraten. Dies war ganz im Sinne des neuen Königs, für den der Erhalt der bayerischen Monarchie Vorrang vor der deutschen Nationsbildung hatte. „Männlicher Freimuth möge Sie bezeichnen, aber auch weise Mäßigung und Fernhalten von auflösenden, zerstörenden Tendenzen", lautete Maximilians II. Weisung an die bayerischen Delegierten, die er um zurückhaltende Entscheidungen bat. Das Scheitern einer nationalen Einheit und das Festhalten an überkommenen Strukturen waren damit bereits vorgegeben.

Als im Jahr darauf in München über die Frankfurter Reichsverfassung abgestimmt wurde, wurde sie weder vom Magistrat der Stadt noch von der bayerischen Regierung anerkannt. Im März 1849, schon nach einem Jahr, war die Revolution zum Stillstand gekommen. Kurz darauf trat ein neuer Landtag in München zusammen. Die konservativ-liberale Mitte, die betont auf die staatliche Souveränität und die Wahrung wirtschaftlicher Besitzstände achtete, besaß wieder die Mehrheit. Die Abdankung Ludwigs I. hatte die Monarchie in Bayern also nicht geschwächt, sondern gestärkt. Die Versprechen an die Revolutionäre wurden von der Regierung nicht oder nur zögerlich eingelöst und Maximilian II. hatte vermutlich niemals ernsthaft beabsichtigt, deren Wünsche zu erfüllen. Die öffentliche Meinung wurde auch nach 1849 von den regierungseigenen Presseorganen bestimmt.

Etwa zeitgleich mit Maximilians II. Thronfolge war München mit 100.000 Einwohnern zur Großstadt geworden, was vor allem an den Eingemeindungen der Vororte Au, Haidhausen und Giesing lag. Die „neuen" Münchner waren überwiegend ärmliche Tagelöhner, die viel zu beengt und unter katastrophalen hygienischen Verhältnissen lebten. Ihre „Häuser" im sogenannten Herbergsviertel waren oftmals bloß notdürftig zusammengezimmerte Unterkünfte. Da sie weder ein Gewerbe betrieben noch ein Grundstück besaßen, hatten sie auch keinerlei Bürgerrechte und kein Wahlrecht. Dennoch waren es die zahlreichen Arbeiter dieser Viertel, die bei zunehmender Industrialisierung die Arbeitsleistung in den Fabriken erbrachten. Sollte einmal der Zeitpunkt kommen, an dem sie ihrer Stimme Gehör verleihen möchten, dann gäbe es für sie keinen legalen Weg der Mitsprache. Das eingeschränkte Wahlrecht der Verfassung trug somit schon den Keim späterer Revolutionen in sich.

Das Brauereiwesen wurde zum wichtigsten Gewerbe der Stadt. Über 60 Brauereibetriebe und 160 Bierwirtschaften gab es zu Beginn des 19. Jahrhunderts in München. Nach 1830 zogen viele Brauereien vor die Tore der Stadt und errichteten dort regelrechte Bierfabriken, in denen das moderne Dampfbrauverfahren zum Einsatz kam. Schnell stand München im Ruf, Hauptstadt des Bieres zu sein. Braumeister Joseph Pschorr fand aufgrund seines enormen wirtschaftlichen Erfolges sogar Eingang in die Ruhmeshalle. In den Bierkellern trafen sich allabendlich Offiziere, Tagelöhner, Schauspieler, Beamte und elegante Herrschaften ebenso wie zwielichtige Gestalten aus dem Milieu – der gesamte Bevölkerungsquerschnitt kehrte dort zu einer Maß Bier ein – und das oft derbe Treiben versetzte Besucher von auswärts in Erstaunen. Das Klischee von Geselligkeit bei Bier und Brez'n wurde zum Symbol bayerischer Lebensart und verbreitete sich in alle Welt. Auch das alljährliche Oktoberfest zog mehr und mehr Besucher an. 1857 wurde zudem ein Produkt „erfunden", das ein weiteres bekanntes Zeichen Münchner Lebensart werden sollte: die Weißwurst.

Die Münchner hatten längst erkannt, dass sich ihr Image als Kunstmetropole, „Isar-Athen", königliche Hauptstadt und Stadt der Gastronomie einträglich vermarkten ließ. München wurde ab der Mitte des 19. Jahrhunderts touristisch erschlossen, die ersten Reiseführer erschienen und das „Münchner Kindl" als Stadtlogo warb von nun an auf Postkarten um Gäste aus aller Welt.

Ermöglicht wurde dies durch einen konsequenten und frühzeitigen Ausbau des Eisenbahnnetzes. Schon Ludwig I. hatte 1842 mit dem Eisenbahndotationsgesetz eine weitreichende Grundsatzentscheidung getroffen: Das Streckennetz sollte auf Staatskosten eingerichtet werden, womit die Kontrolle über den Streckenverlauf letztlich beim Monarchen blieb. 1840 wurde die Eisenbahnverbindung von München nach Augsburg eingeweiht und die Bahnstrecke von München nach Wien unterstrich bald darauf die überregionale Bedeutung der Stadt. 1849 konnte mit dem Münchner Bahnhof ein Symbol des beginnenden technisch-industriellen Zeitalters und der Mobilität fertiggestellt werden. Als der Landtag 1865 die vollständige Erschließung Bayerns beschloss, war klar, dass München noch stärker das Zentrum der gesamten bayerischen Infrastruktur bildete. Durch die Lokomotivfabrik von Josef Anton von Maffei erfuhr das Münchner Wirtschaftsleben einen entscheidenden Impuls. In einem Schreiben bat Maffei den damaligen König Ludwig I. untertänigst, seinem ersten Dampfwagen einen Namen zu geben. Der Monarch erfüllte den Wunsch und taufte das Fahrzeug auf „Der Münchner". Maffei wurde der führende Fabrikant seiner Epoche und schuf die Grundlagen der Münchner Eisen- und Stahlindustrie. Im Glaspalast, dessen Eisen- und Glaskonstruktion als bauliche Meisterleistung galt, fand 1854 die erste allgemeine deutsche Industrieausstellung statt. Der Fortschritt zeigte sich an der neuen Gasbeleuchtung, dem Bau von Wasserleitungen, Brunnen und Brücken und an den Einbettungsmaßnahmen der Isar. Ufernahe Stadtgebiete waren nun endlich vor den verheerenden Hochwassern geschützt.

Hatten Ludwig I. und seine Vorgänger München zur Kunststadt gemacht, so wollte Maximilian II. es zu einem Zentrum der Wissenschaften aufwerten. Spektakuläre Berufungen an die Universität, die Erweiterung der Akademie der Wissenschaften und die Gründung zahlreicher bedeutender technischer und historischer Kommissionen waren einige seiner Maßnahmen. Höchstpersönlich nahm er an wöchentlichen Gelehrtendisputationen in der Residenz teil. In einigen Wissenschaftsdisziplinen erreichte München sogar eine Spitzenstellung. Das mechanisch-optische Institut von Georg von Reichenbach und Josef von Utzschneider war zeitweise führend in Europa. Die größten Sternwarten bezogen ihre Teleskope und astronomischen Instrumente aus dem Münchner Werk. Einer der berühmtesten Wissenschaftler und Erfinder Münchens dieser Zeit war Josef Fraunhofer, dem die Spektralanalyse des Sonnenlichts gelang.

Mit der Maximilianstraße setzte auch Maximilian II. den repräsentativen Ausbau Münchens fort, wenngleich in ganz neuartiger Architektur. Friedrich Bürklein plante die Prachtstraße ab 1852 in einem die „Kultur der Gegenwart" repräsentierenden Stil, wie es der König nannte. Sie wurde Maximilians II. Gegenentwurf zum antikisierenden Baustil seines Vaters. Mit Luxusgeschäften, Restaurants und Theatern ist sie noch heute die feinste und teuerste Adresse der Innenstadt. 1858, zum 700. Jubiläum der Stadtgründung, erfolgte die Grundsteinlegung der Maximiliansbrücke, welche die Maximilianstraße über die Isar hinweg fortsetzt. Pallas Athene, Symbol für Wissenschaft und Kultur, verziert die Brückenbrüstung.

Der private Lebensstil des Königs unterschied sich grundlegend von dem seines Vaters. Obwohl Maximilian II. fromm war, lehnte er alle ultramontanen Positionen ab. Seiner protestantischen Gemahlin war er ein liebevoller Ehemann, was vom Volk nach der Empörung über Ludwig I. aufmerksam registriert wurde. Marie von Preußen „ist die einzige meiner Schwiegertöchter, die eine richtige Bayerin geworden ist", urteilte sogar Ludwig I. anerkennend über die Königin. Die Sommermonate verbrachte Marie in den Allgäuer Alpen auf Schloss Hohenschwangau, das Maximilian II. bereits vor seiner Hochzeit 1842 hatte errichten lassen. Dass Ludwig I. für seinen Sohn eine eheliche Verbindung mit dem Haus Hohenzollern in Berlin wählte, kann durchaus als Zeichen der zunehmenden Rolle Berlins in der bayerischen Politik gewertet werden. Maries Großvater war König Friedrich Wilhelm II., ihr Onkel König Friedrich Wilhelm III., ihr Vetter der spätere Kaiser Wilhelm I. Als sie mit 17 Jahren in München eintraf, fand sogleich die Trauung in der Allerheiligenhofkirche der Residenz statt, die Leo von Klenze nur wenige Jahre zuvor im neuromanischen Stil errichtet hatte. Die anschließende Hochzeitsreise führte das Thronfolgerpaar drei Wochen lang durch Franken, um die Bevölkerung der neubayerischen Gebiete mit dem künftigen Monarchen vertraut zu machen. Später liebte Marie die ausgedehnten Bergtouren im Allgäu und in Berchtesgaden, oft gemeinsam mit den Söhnen Ludwig und Otto, was ihr den Ruf der ersten Alpentouristin einbrachte.

Doch Bayern konnte sich nicht auf Dauer nur auf sich selbst konzentrieren. Italiens nationale Einheit von 1860 belebte im bayerischen Landtag erneut die Diskussion um eine künftige Einheit der deutschen Staaten. Dieser Frage konnten sich König Maximilian II. und die anderen Fürsten auch nach der erfolglosen Frankfurter Nationalversammlung nicht entziehen. Welche Stellung sollte Bayern in einem Deutschen Reich zukommen? Welche Rolle sollte München darin einnehmen? Preußens politische Übermacht zog für viele wie eine bedrohliche Gewitterwolke über München auf. Ein Zusammenschluss der süddeutschen Klein- und Mittelstaaten unter bayerischem Vorsitz, gerichtet gegen die Vorherrschaft der Großmächte Österreich und Preußen – das war die Vorstellung Maximilians II. und seines Ministers Ludwig von der Pfordten. Bayern sollte gemäß dieser sogenannten „Triasidee" eine selbstständige dritte Kraft bleiben. Während sich der kränkelnde bayerische König 1863 zur Erholung nach Italien begab, begann die politische Lage im Deutschen Bund zu eskalieren. Maximilian II. erlebte diese Phase nicht mehr. Er starb kurz nach seiner Rückkehr im März 1864 in der Münchner Residenz.

Am Ende der Herrschaftszeit Maximilians II. lagen in München Restauration und Revolution, Beharrlichkeit und Aufbruch, Krieg und Frieden, Armut und Lebenslust nahe beieinander. Der nächste König trat ein schweres Erbe an, das von ihm Entschlusskraft und Beharrlichkeit verlangte. Genau diese Eigenschaften sollten dem neuen Regenten jedoch gänzlich fehlen.

EIN EWIG RÄTSEL …

MÜNCHEN UND DAS DEUTSCHE REICH

König Ludwig II. zieht sich aus dem politischen Tagesgeschäft zurück und hält sich wenig in München auf. Stattdessen lässt der musikbegeisterte Monarch fantastische Schlösser errichten. Der immer drängenderen Forderung nach einem deutschen Staat verschließt er sich zunächst, doch schließlich wird Wilhelm I. mit bayerischer Unterstützung Deutscher Kaiser. Ludwig II. wird entmachtet und stirbt unter nie geklärten Umständen. Er wird zur Legende und zum Inbegriff eines Märchenkönigs.

Als der greise König Ludwig I. Mitte März 1864 in Algier die Todesnachricht seines Sohnes König Maximilian II. erhielt und sich auf den Weg zu den Trauerfeierlichkeiten nach München machte, schrieb er in einem Brief an seinen jüngsten Sohn Luitpold: „Arme Marie! Und armer Ludwig auch! Dessen Jugend nun hin ist, der mit 18 Jahren schon auf den Thron kommt, in welchem Alter er keine Erfahrung haben kann, keine Geschäftskenntnis. Und das in welcher Zeit! Mein Sohn, der König, ist für seinen Ruhm wahrlich in günstiger Zeit gestorben." Die Befürchtungen Ludwigs I. und seine pessimistische Einschätzung der politischen Umstände waren keineswegs unbegründet. Doch noch deutete nichts darauf hin, dass der 18-jährige Enkel zum glanzvollsten und zugleich tragischsten Regenten des Hauses Wittelsbach werden sollte.

Die Bevölkerung bekam Ludwig II. (1845–1886) erstmals offiziell zu Gesicht, als er der väterlichen Trauerkutsche durch Münchens Innenstadt folgte. In den Staatsratsräumen der Residenz leistete Ludwig II. den Eid auf die Verfassung und beendete seine Antrittsrede mit den Worten: „Meines geliebten Bayernvolkes Wohlfahrt und

Deutschlands Größe seien die Zielpunkte meines Strebens" – doch wie schwierig sich die Eingliederung Bayerns in ein großes Deutschland gestalten sollte, war zu diesem Zeitpunkt noch gar nicht absehbar. Kein anderes Thema sollte die bayerische Politik in den kommenden Jahren mehr bewegen. Doch nicht die Politik, sondern die Kunst stellte der König in den Mittelpunkt seiner Aufmerksamkeit.

Ludwig II. verfiel ganz dem Schaffen Richard Wagners. „Verehrter Herr, die niederen Sorgen des Alltagslebens will ich von ihrem Haupte für immer verscheuchen, damit Sie im reinen Äther Ihrer wonnevollen Kunst die mächtigen Schwingen Ihres Genius für immer ungestört zu entfalten vermögen", schrieb Ludwig II. schon im März 1864 an Wagner. Der bereits 51-jährige Komponist befand sich auf der Flucht vor seinen Gläubigern, als ihn der Ruf an den Münchner Königshof erreichte. In Wien hatte man seine Oper „Tristan und Isolde" aus Kostengründen abgesetzt und Wagner war von dem unerwarteten Engagement, das Ludwig II. ihm gab, überrascht und begeistert. „Er ist leider so schön und geistvoll, seelenvoll und herrlich, dass ich fürchte, sein Leben müsse wie ein flüchtiger Göttertraum in dieser gemeinen Welt zerrinnen", beschrieb Wagner in einem Brief seinen neuen Förderer. Er sollte mit seinen Befürchtungen Recht behalten.

1865 finanzierte Ludwig II. die Uraufführung von „Tristan und Isolde" im Münchner Nationaltheater. Nach der Vorstellung bebte er förmlich vor Freude über Wagners Werk. „Erhabener, göttlicher Freund! Dies wunderhehre Werk, das uns dein Geist erschuf, wer dürft' es sehen, wer es kennen, ohne selig sich zu preisen? Heil seinem Schöpfer, Anbetung ihm", gestand er ergriffen. Von diesem Tage an konnte sich Wagner der uneingeschränkten Unterstützung des Königs sicher sein. Der junge Monarch machte ihn zu seinem wichtigsten Berater. Es gab gemeinsame Reisen nach Schloss Berg am Starnberger See, wo bald der Isolden-Turm gebaut wurde und das königliche Boot „Tristan" anlegte. In Hohenschwangau wurde Richard Wagner von den Klängen des „Lohengrin"-Motivs empfangen, die von den Zinnen hallten, als seine Kutsche in die Auffahrt bog.

Fast alle Abende verbrachte Wagner mit Ludwig II. musizierend am Flügel in der Residenz. Oft schritten sie gemeinsam durch die prächtigen Nibelungensäle, die von Julius Schnorr von Carolsfeld mit den Sagenmotiven ausgestattet worden waren. Die Bilderzyklen vermitteln noch heute die Atmosphäre, die Wagner auch musikalisch umsetzte. „Der Ring des Nibelungen" wurde 1876 zur Eröffnung des Bayreuther Festspielhauses als Gesamtwerk uraufgeführt. Ludwig II. wurde vom Publikum bejubelt, als hätte er das vierteilige Monumentalwerk miterschaffen. In finanzieller Hinsicht hatte er dies zweifelsohne auch getan.

Schon Jahre bevor Wagner und der König diesen Triumph feiern konnten, hatte Ludwig II. den Architekten Gottfried Semper mit der Planung eines Wagner-Festspielhauses am rechten Isarufer beauftragt. Eine neue Isarbrücke sollte die Verbindung zur Altstadt herstellen und über mehreren brunnenverzierten Terrassen sollte sich die breite Fassade des Weihetempels erheben. „Parzival", „Tristan" und der „Lohengrin": Heil, Zuflucht und Rettung vor dem Unbill der eigenen Zeit lag in Wagners Opernwelten. Elsas bedeutungsschwere Frage im dritten Akt des „Lohengrin" nach „Art und Name" ihres Retters sollte Ludwig II. zutiefst prägen, und Thomas Mann wird sie Jahrzehnte später in seinem Vortrag „Über Leiden und Größe Richard Wagners" an der Münchner Universität gar zur Schicksalsfrage der Deutschen stilisieren. Das königliche Kabinett jedoch genehmigte diesen Bau nicht und er wurde daher nie realisiert. An seiner Stelle erhebt sich das einzige Denkmal für König Ludwig II. in München. Es zeigt den Monarchen in verschlossener Pose und mit düsterem, wahnhaft-genialem Blick.

Tatsächlich stieß Wagners schier grenzenloser Einfluss auf den König auf massive Kritik. Viele Münchner Kulturschaffende, beispielsweise der Opernmeister Franz Lachner, protestierten gegen die große finanzielle Förderung, die er vom König erhielt. Auch das Kabinett beanstandete, dass für den Komponisten über ein Drittel des Zivilhaushaltes verbraucht wurde. Ludwig II. und Wagner sahen sich innerhalb weniger Monate einer breiten Opposition gegenüber:

Volk und Adel, Geistlichkeit, Staatsregierung und selbst das übrige Königshaus waren verärgert. Wieder einmal erlaubte sich ein bayerischer Regent eine teure, auf eine einzige Person ausgerichtete Günstlingswirtschaft. Das Volk nannte Wagner bereits spöttisch den „Lolus". Seit dem unvergessenen Skandal um Lola Montez, der Ludwigs II. Großvater zu Fall gebracht hatte, waren nicht einmal 20 Jahre vergangen.

Der leitende Minister Ludwig von der Pfordten sah sich zum Eingreifen gezwungen. „Ew. Majestät stehen an einem Scheidewege und haben zu wählen zwischen der Liebe und Verehrung Ihres treuen Volkes und der Freundschaft Richard Wagners", teilte er dem König in einem Schreiben mit. Ludwig II. erkannte den Ernst der Lage und lenkte schweren Herzens ein: Im Dezember 1865 verließ Wagner auf sein Geheiß hin die Residenz und begab sich nach Luzern. Ihr Kontakt riss jedoch nicht ab und Wagner wurde auch weiterhin vom König großzügig gefördert. Mit den Geldern finanzierte er sein eigenes Festspielhaus in Bayreuth. Für den Bau, mit dem sich Wagner seinen Traum vom Gesamtkunstwerk erfüllte, erhielt er von Ludwig II. allein 25.000 Taler.

Als Wagner fort war, hoffte man in München, dass sich der König den schwierigen politischen Entscheidungen der Zeit stellen würde, denn schließlich ging es um Bayerns Souveränität. Kurz vor Ludwigs II. Thronbesteigung war Otto von Bismarck 1862 preußischer Ministerpräsident geworden. Nur einmal waren sich Bismarck und Ludwig II. persönlich begegnet, als der Ministerpräsident im August 1863 ein Essen mit der königlichen Familie in Schloss Nymphenburg einnahm. Dabei war Bismarck der Platz an der Seite des damaligen Kronprinzen Ludwig zugewiesen und dem Ministerpräsidenten fiel dessen „begabte Lebhaftigkeit und ein von seiner Zukunft erfüllter Sinn" auf. Beide sollten ihren Meinungsaustausch in zahllosen Briefen über Jahre pflegen.

Bismarck bemühte sich verbissen um die Vorherrschaft Preußens im Deutschen Bund. Die von Bayern vertretene Triasidee, die auch die Einbindung Österreichs in ein deutsches Reich vorsah, wurde nun zunehmend unrealistisch. Immer offensichtlicher wurde dagegen Preußens Dominanz über die anderen deutschen Staaten. Der Landtag war mit der Festlegung der bayerischen Haltung bei der deutschen Nationsbildung überfordert, bekam jedoch auch weiterhin von Ludwig II. nicht die erhoffte Unterstützung. Nur in der klaren Ablehnung der Vormachtstellung Berlins waren sich alle einig. Die heute gelegentlich noch spürbaren Animositäten zwischen Bayern und Preußen nahmen in jenen Jahren ihren Anfang.

Ludwig II. begann, das fordernde Kabinett und schließlich ganz München zu hassen. Seit sein Leben mit Wagner zerstört worden war, zog es ihn immer öfter fort aus der Stadt. Er liebte die Einsamkeit der Berge und hing dort seinen Träumen von einem romantischen, idealen Königtum nach – Sehnsuchtswelten. Als Bühne seiner Herrschaft schuf er sich in seinen Gedanken fantastische, weltentrückt gelegene Traumschlösser inmitten der Einsamkeit der bayerischen Berge. Doch er begnügte sich nicht mit Träumen, sondern begann bald mit deren Realisierung. „Der Punkt ist einer der schönsten, die zu finden sind, heilig und unnahbar (...)", beschrieb er Wagner im Mai 1868 den Standort seines zukünftigen Schlosses Neuschwanstein nahe Füssen.

Mit dem Baubeginn der drei Königsschlösser Linderhof, Neuschwanstein und schließlich Herrenchiemsee kam die königliche Kunst- und Bauförderung in München weitgehend zum Erliegen. Nie wieder sollte ihr gestalterischer Einfluss auf das Stadtbild den Rang und das Ausmaß erreichen, das sie unter König Max I. Joseph und Ludwig I. hatte. Nur einen spektakulären Bau verwirklichte Ludwig II. in München, vielleicht seinen schönsten: den Wintergarten auf dem Dach der Münchner Residenz. 1870 statteten Hofgartendirektor Carl Effner und Theatermaler Christian Jank den 70 Meter langen und fast 10 Meter hohen von Eisenstreben getragenen Dachgarten aus, der sich über dem Festsaalbau erhob. Felswände, von denen Wasserfälle stürzten, Bühnengemälde mit schneebedeckten Gipfeln des Himalaya, ein von tropischen Palmen umstandener See für Bootsfahrten, ein maurischer Kiosk und ein indisches Festzelt:

Blick in den Wintergarten Ludwigs II. auf dem Dach der Münchner Residenz.

ein technisches Meisterwerk und ein Garten Eden. Als der Monarch der jungen Prinzessin Maria de la Paz, Infantin von Spanien, eine Privataudienz in diesen tropischen Hallen gewährte, notierte sie: „Mein Gott, das ist doch ein Traum!" Doch die schwere Konstruktion der Firma Clett in Nürnberg, die sämtliche Stahlarbeiten für Ludwig II. ausführte, drohte den gesamten Unterbau zum Einsturz zu bringen. Und so wurde der Wintergarten bald nach dem Tod Ludwigs II. wieder abgetragen. Die gewaltige Eisenkonstruktion gelangte auf das Nürnberger MAN-Werksgelände und diente dort als Fabrikhalle. Und als solche zerstörten schließlich die Luftangriffe des Zweiten Weltkriegs endgültig das Gartenparadies Ludwigs II.

Trotz der Verlagerung der königlichen Bautätigkeit ins Alpenvorland blieb München unbestritten kulturelles Zentrum des Landes mit zahlreichen Theatern, Hochschulen, Akademien und Museen. Diese Einrichtungen wurden nun jedoch verstärkt durch staatliche und bürgerliche Stellen getragen.

Die Münchner Künstlergenossenschaft veranstaltete seit 1869 die Internationale Kunstausstellung im Glaspalast, später kamen

Jahresausstellungen mit den Werken einheimischer Künstler hinzu. Auch die Münchner Literatur-, Theater- und Musikkultur blühte ab der Mitte des 19. Jahrhunderts auf. „München ist die einzige Stadt in Deutschland, wo Dichter leben können", stellte Theodor Fontane bei einem Aufenthalt 1859 anerkennend fest. Die Bevölkerung, so Fontane weiter, sei zwar geistig tot, doch der Kunstzuzug nach München sei so groß, dass man in dieser „Nebenbevölkerung" freier und frischer leben könne als irgendwo sonst. Münchens Ruf als Kunststadt blieb also trotz fehlender königlicher Aufträge bestehen. Gleichwohl profitierten zahlreiche Firmen von den Aufträgen Ludwigs II. für Möbel, Raumausstattung und Technik. Da der Monarch auf die Einhaltung höchster Qualitätsstandards bestand, gelangten manche Betriebe zu internationaler Anerkennung. Selbst auf Weltausstellungen machte bayerische Handwerkskunst nun von sich reden und gewann Preise. Der Prestigegewinn durch Ludwigs II. extravagante Ansprüche war enorm.

Während Ludwig II. seinen Schlösserfantasien nachhing und fast ständig in den Alpen weilte, versuchte der bayerische Landtag, sich gegen Bismarcks Druck zu behaupten. Doch dieser forderte den Ausschluss Österreichs aus dem geplanten Nationalstaat und wollte dies notfalls auch militärisch durchsetzen. Am 14. Juni 1866 spaltete Österreich den Deutschen Bund durch einen Mobilisierungsantrag gegen Preußen. Auslöser war ein jahrelanger Konflikt der beiden Kontrahenten um das Herzogtum Schleswig-Holstein. Preußen erklärte daraufhin den Bundesvertrag für gebrochen und die Bundesstaaten standen plötzlich in einem deutsch-deutschen Krieg. Bayern wollte von der Einbindung Wiens in den Deutschen Bund noch immer nicht abrücken und stellte sich auf die Seite Österreichs gegen Preußen. Moritz von Schwind, seit 1847 Professor an der Münchner Akademie der Bildenden Künste und Schöpfer der Wandgemälde der Wartburg, Freund des Münchner Mäzens, Literaturwissenschaftlers und Sprachforschers Adolf Friedrich Graf von Schack, malte für diesen sein Bild des „Vater Rhein". Traurig blickend schwimmt die Allegorie des Rheins in der

Schlucht des Rheintals, umgeben von den alten Burgruinen großer mittelalterlicher Königszeit, melancholisch die Fiedel der Minnesänger spielend. Alle Sehnsucht nach einer großen, einigen, deutschen, 1.000-jährigen Vergangenheit floss in diese Bildkomposition und traf den Nerv der Zeitgenossen.

Erstmals zogen Truppen durch die prachtvolle Ludwigstraße in den Krieg – ein Anblick, der sich in den nächsten Jahrzehnten noch mehrfach wiederholen sollte. Den Oberbefehl über die bayerischen Kontingente hatten Prinz Karl, der Bruder Ludwigs I., und Prinz Luitpold, der Bruder Maximilians II. Die inzwischen weitgehend ausgebaute Eisenbahn brachte die Truppen in die Einsatzgebiete. Am 3. Juli trafen die deutschen Heere bei Königgrätz mit über 400.000 Mann zu einer enorm verlustreichen und grausamen Schlacht aufeinander. Preußens Generalstabschef Helmuth von Moltke war der deutlich überlegene Stratege, der die neuen technischen Möglichkeiten hinsichtlich Logistik und Waffen zu nutzen verstand. Schon nach kurzer Zeit wurden die Bayern bei Bad Kissingen geschlagen und über den Main zurückgedrängt. Franken wurde preußisch besetzt. Nach wenigen Wochen war der Deutsche Krieg für Preußen siegreich entschieden. Die Vormachtstellung Berlins und Österreichs Ausscheiden aus einem künftigen deutschen Nationalstaat waren besiegelt.

Im August 1866 gelang es Ludwig Freiherr von der Pfordten, Vorsitzender des Ministerrats, nach mühevollen Verhandlungen mit Bismarck, Bayerns Souveränität mit 30 Millionen Gulden Kriegsentschädigung und der Abtretung von zwei fränkischen Bezirksämtern zu erkaufen. Das Königreich hatte sich zudem in einem geheimen Bündnis dem neu gegründeten und von Preußen dominierten Norddeutschen Bund anzuschließen. Bayerns Souveränität war also nur noch Fassade.

Eine Folge des Krieges war die deutliche Politisierung Münchens. Auch die Bevölkerung diskutierte nun intensiv über Bayerns Zukunft. Der Landtag konnte sich auf keine konsequente Haltung gegenüber dem Norddeutschen Bund einigen. Im Kabinett wechselten häufig die Minister. So wurde der großdeutsch eingestellte von der Pfordten nach dem Krieg von dem liberalen Preußen- und Bismarckanhänger Chlodwig Fürst zu Hohenlohe-Schillingsfürst abgelöst. An dessen Stelle trat 1869 mit Otto Graf von Bray-Steinburg wiederum ein Verfechter der großdeutschen Lösung. Der Graf war Mitglied der neu gegründeten österreichfreundlichen Bayerischen Patriotenpartei, die gegen Preußens Dominanz aufbegehrte und seit den Wahlen 1869 auch die Mehrheit im Münchner Landtag besaß. Doch trotz der offenen Ablehnung Preußens nahm Bismarck durch seinen ständigen Gesandten in München massiv Einfluss auf Bayerns Minister. Die Mehrheitsverhältnisse im bayerischen Landtag interessierten und behinderten ihn kaum. Die bayerischen Kabinette konnten faktisch nur Beschlüsse fassen, die auch Bismarcks Zustimmung fanden.

Im Nachbarland Frankreich breitete sich nach 1866 die Furcht vor einer preußischen Umklammerung aus. Das ohnehin angespannte Verhältnis zwischen Paris und Berlin spitzte sich 1870 über die Frage der Thronfolge in Spanien weiter zu. Bismarck wollte den Krieg gegen Frankreich unbedingt führen und war sich der Begeisterung dafür in allen deutschen Staaten gewiss. Insgeheim erhoffte er sich davon die Zustimmung zu einer deutschen Reichsgründung: Der Krieg würde die deutschen Mittelstaaten unter Preußens Hegemonie vereinen, lautete seine Überzeugung. Bismarcks Ansichten sollten sich schon bald bestätigen, denn es kam zur Eskalation.

München war begeistert, als Preußen im Juli 1870 Frankreich den Krieg erklärte. Auf den Straßen sang man „Die Wacht am Rhein", das Kampflied gegen Frankreich, feierte in den Biergärten den Kriegsausbruch und zeigte Begeisterung für das deutsche Vaterland. Selbst die Patrioten im Landtag, denen die Anbindung Bayerns an Preußen zuwider war, konnten sich der allgemeinen Kriegseuphorie nicht entziehen. Einer ihrer wichtigsten Vertreter fügte sich bei der Abstimmung über die Mobilmachung der Mehrheit. „Ich wollte für die bewaffnete Neutralität sprechen und jetzt komme ich mir vor wie ein Prophet, der ausgezogen war, um zu fluchen, und er musste segnen", kommentierte er sein Abstimmungsverhalten. Am 16. Juli 1870 unterzeichnete Ludwig II. den Mobilmachungsbefehl und Bayerns Armee zog mit dem Norddeutschen Bund in den Krieg gegen Frankreich. In München wehten erstmals preußische Fahnen, als Kronprinz Friedrich Wilhelm das Kommando über das bayerische Heer übernahm. Wieder zogen Truppen durch die Ludwigstraße und in den Krieg.

Der Feldzug war bald erfolgreich. Siegesmeldung folgte auf Siegesmeldung. Schon im September 1870 war Frankreich nach der Schlacht bei Sedan geschlagen, die wesentlich von bayerischen Truppen, darunter Prinz Luitpold als Befehlshaber, geführt worden war. Kaiser Napoleon III. begab sich ins deutsche Heerlager, um mit Bismarck in Verhandlungen zu treten. Doch der bestand auf einem deutschen Einmarsch in Paris, und so ging der Konflikt weiter. Moltke begann mit der Belagerung von Paris, die bis zur Stürmung zahllose Hungertote forderte. Der militärische Erfolg verschaffte dem Traum der Liberalen von einem deutschen Nationalstaat Auftrieb, insbesondere im einst so skeptischen München. Bayerns Eintritt in den Norddeutschen Bund und einen Einheitsstaat unter preußischer Führung forderten in jenen Tagen selbst die „Münchner Neuesten Nachrichten". Die Frage lautete nicht mehr ob, sondern nur noch wie sich Bayern Preußen anschließen sollte. Bayern erhielt einige Sonderrechte wie Gerichts- und Finanzhoheit, ein eigenes Postwesen, die Eisenbahnverwaltung sowie eine beschränkte diplomatische Vertretung im Ausland zugesprochen, doch diente all dies nur zur Beruhigung der Patrioten. Im November 1870 trat Bayern offiziell dem Norddeutschen Bund und dessen Verfassung bei. Vom Gedanken an eine dauerhafte Souveränität des Königreiches Bayern musste man sich verabschieden.

Das Münchner Kabinett unterzeichnete die Verfassung des Norddeutschen Bundes, aber die Bildung eines deutschen Nationalstaates war damit noch nicht abgeschlossen. Für Bismarck begann nun die schwierige Aufgabe, König Ludwig II. zur Anerkennung des preußischen Königs als Kaiser zu bewegen. Die Kaiserkrönung

Wilhelms I. erschien Ludwig II. als völlig inakzeptable Einschränkung seiner Königsrechte und als Herabsetzung seiner königlichen Würde. Ludwig II. bewunderte die Herrschaftsform des französischen Sonnenkönigs: prunkvoll, absolutistisch und unantastbar. Deutlicher Ausdruck dafür wurde der Bau des Schlosses Herrenchiemsee, mit dem er ganz bewusst Schloss Versailles kopierte. Auch die Innenausstattung von Schloss Linderhof ließ Ludwig II. dem Stil des Schlosses des Sonnenkönigs nachempfinden. Wenn er schon nicht so regieren durfte wie sein Herrschervorbild, so wollte er zumindest dessen prunkvollen Lebensstil imitieren und Ludwig XIV. ein ehrendes Andenken setzen. Bei seinen Aufenthalten in München ließ Ludwig II. neben Wagner-Opern nun insbesondere Stücke aus der Zeit Ludwigs XIV. und Marie Antoinettes aufführen. Minister empfing der König nicht mehr, weder in München noch in seinen Alpenschlössern. Das Kabinett verzweifelte schier an seiner permanenten Abwesenheit und seinem Desinteresse während politisch hochbrisanter Zeiten.

Die Demütigung Frankreichs fand schließlich ihren Höhepunkt in der Kaiserproklamation des preußischen Königs Wilhelm im Spiegelsaal des Schlosses Versailles. Ludwig II. verweigerte sich Bismarcks Bitte, persönlich nach Versailles zu reisen. Dort wurde Bayern durch Ludwigs II. Onkel Prinz Luitpold und seinen Bruder Prinz Otto vertreten. Doch der König war käuflich: Durch territoriale und finanzielle Zugeständnisse konnte ihn Bismarck schließlich zum Verfassen des berühmten Kaiserbriefs bewegen, den Prinz Luitpold im Dezember 1870 in Versailles überreichte. Stellvertretend für alle deutschen Fürsten bat Ludwig II. darin, Wilhelm I. möge die Kaiserkrone annehmen. Die Gelder aus dem Welfenfonds, die Bismarck an Ludwig II. dafür überwies, ermöglichten diesem für Jahre die Fortsetzung seiner Schlösserbauten. Im Januar 1871 wurde die Kaiserproklamation vollzogen. „Alles so herzlos hier und kalt", schrieb der junge Prinz Otto in einem Brief aus Versailles an seinen königlichen Bruder in Hohenschwangau. Nach einer mehrtägigen Redeschlacht zwischen Liberalen und Patrioten erhielt die Reichs-

gründung eine knappe Zweidrittelmehrheit im bayerischen Landtag. Als die siegreichen Truppen im Februar 1871 nach München
zurückkehrten, nahm Ludwig II. zähneknirschend an der Seite des
preußischen Kronprinzen die feierliche Parade ab. „Wehe", so klagte
er, „dass ich zu dieser Zeit König sein musste."

Indes plagten die Wittelsbacher auch familiäre Sorgen: 1876
wurde bei Prinz Otto, dem Bruder Ludwigs II., Wahnsinn diagnostiziert. Der König war zutiefst bestürzt, beauftragte Bernhard von
Gudden, Professor der Münchner Universität, Direktor der Kreis-
irrenanstalt und vielleicht namhaftester Psychiater der Zeit vor
Sigmund Freud, mit der Behandlung und ließ sich die ärztlichen
Dossiers vorlegen. Ludwig II. befürchtete fortan, ihn könne das
gleiche Schicksal ereilen. Seiner Veranlagungen war sich der König
seit langer Zeit bewusst, seine vielfach kritisierten Bauvorhaben ver-
schlangen unglaubliche Summen: 1884 betrug der Schuldenberg des
Monarchen trotz Bismarcks Zahlungen rund acht Millionen Mark.

Ludwigs II. Verschwendungssucht und seine politische Lethar-
gie wurden zu einem Problem. „Der König beschäftigt sich mit
Erfindung von Dekorationen für die Oper ‚Wilhelm Tell' und lässt
Kostüme machen für Opern, die er dann anzieht und womit er
in seinem Zimmer umhergeht", schrieb der ehemalige bayerische
Minister Hohenlohe-Schillingsfürst. Die ausländische Presse brachte
Skandalberichte über den teueren, weltfremden und schwach herrschenden König. Mittlerweile drohten Gläubiger mit der Pfändung
der Kabinettskasse. Der König war jedoch für Warnungen und Rat-
schläge nicht empfänglich. Er plante sogar ein weiteres Schloss auf
dem Falkenstein bei Pfronten, das einer gotischen Raubritterburg
gleichen sollte, sowie chinesische und byzantinische Kaiserpaläste.

Das nationalliberale Kabinett und Johann Freiherr von Lutz als
dessen leitender Minister sahen sich schließlich zum Eingreifen
gezwungen. Zusammen mit dem nächsten Erbberechtigten, Prinz
Luitpold, bereiteten sie ab 1886 die Absetzung des Königs und die
Proklamation der Regentschaft vor. Sie ließen Gutachten von Irren-
ärzten einholen und Paranoia wurde diagnostiziert – wirklich auf

seinen Geisteszustand hin untersucht wurde Ludwig II. jedoch nie. Die deutschen Fürstenhöfe und Berlin wurden über die geplante Aktion unterrichtet, nur der König ahnte nichts. Am 12. Juni 1886 wurde er auf Schloss Neuschwanstein festgenommen, für entmündigt erklärt und an den Starnberger See gebracht. „Dass man mir die Freiheit nimmt und mich wie meinen Bruder behandelt, nein, das ertrage ich nicht. Ich will diesem Schicksal entgehen – man treibt mich in den Tod!" – Selbstmordgedanken des Monarchen. Die genauen Umstände für Ludwigs II. und Professor von Guddens mysteriösen Tod im seichten Uferbereich des Starnberger Sees am darauffolgenden Tag wurden nie ganz geklärt.

Der rätselhafte Tod des Königs ließ ihn sogleich zur Legende werden. Wurden er und von Gudden ermordet? War es ein Selbstmord, bei dem der König seinen Arzt mit in den Tod nahm? Wurden sie gar im Auftrag der Wittelsbacher oder der Minister umgebracht? Fragen, die zahlreiche Ludwig II.-Fans auch heute nicht ruhen lassen. „Ein ewig Rätsel will ich bleiben", hatte Ludwig II. über sich gesagt – und damit Recht behalten. Nach seinem Tod wurde er zu dem stilisiert, was er zu Lebzeiten immer sein wollte: ein Märchenkönig. Kaiserin Elsabeth, die zum Todeszeitpunkt in Schloss Possenhofen am Starnberger See weilte, dichtete: „Den Adler vom Felsenhorst / Dort oben in schwindelnder Höh' / Den Jagenden Wolken so nahe / Dem sonnenschimmernden See / Sie haben ihn eingefangen / Die stolzen Schwingen gelähmt / In ewige Fesseln geschlagen / Bis dass zu Tod er sich grämt / Geheimnisvoll rauschen die Wellen / Und flüstern es schaudernd der Nacht / In unsrem Schoß hat sich eben / Der Königsaar umgebracht." Götterdämmerung. Doch die unermesslichen Kosten, die seine Schlösser einst bereiteten, sind durch die Millionen von Besuchern aus aller Welt längst amortisiert. Ludwig II. und seine Traumpaläste wurden zu weltbekannten Symbolen und Sympathieträgern Bayerns.

Die pompöse Beisetzung Ludwigs II. fand selbstverständlich in München statt, obwohl er die Stadt niemals mochte. Der aufgebahrte Leichnam in der Kapelle der Münchner Residenz lockte unzählige Trauernde und Schaulustige an, ebenso der Trauerzug durch die Altstadt zur Michaelskirche und das anschließende Staatsbegräbnis. Bei drückender Sommerhitze folgten die Prinzen des königlichen Hauses von Bayern, die Kronprinzen von Österreich und Preußen, Vertreter der Bundesstaaten, der deutschen Höfe und Ministerien – und der neue bayerische Regent Prinz Luitpold (1821–1912), Ludwigs II. Onkel, dem Sarg. Auch die Mutter des verstorben Königs, Marie von Preußen, trat den schweren Gang an. In einem persönlichen Schreiben wandte sie sich an die Witwe des mit Ludwig II. zugleich verstorbenen Professors von Gudden: „Es betet für Sie und dankt Ihrem lieben seligen Mann für Alles, was er an uns gethan hat." Von Guddens Beisetzung fand im kleinen Kreis am Münchner Ostfriedhof in Giesing statt.

Da der offizielle Thronerbe, der wegen Geisteskrankheit regierungsunfähige Prinz Otto, noch lebte, übernahm Luitpold als Prinzregent die Vormundschaftsregierung. Trotz der anfänglichen Skepsis in weiten Teilen der Bevölkerung – schließlich war er an der Absetzung Ludwigs II. zumindest planerisch beteiligt – gelang es Luitpold, die folgende Epoche der Münchner Geschichte entscheidend zu prägen: die Prinzregentenzeit.

REVOLUTION!

Prinzregent Luitpolds Regierungsphase ist eine künstlerische und wirtschaftliche Blütezeit, doch ohne soziale Reformmaßnahmen. Neue Parteien und revolutionäres Gedankengut gewinnen an Einfluss. In Schwabing etabliert sich eine kritische Künstlerszene. Mit Ausbruch des Ersten Weltkriegs steigt die Not der Bevölkerung, aber König Ludwig III. sieht keinerlei Handlungsbedarf. Die Revolution zwingt ihn zum Abdanken. Damit sind fast siebeneinhalb Jahrhunderte Herrschaft der Wittelsbacher vorüber.

Bei Luitpolds Regierungsantritt im Jahr 1886 war München eine Großstadt mit fast einer halben Million Einwohner. Nachdem Leibeigenschaft und Zunftzwang aufgehoben, Recht und Eigentum durch die Verfassung geschützt und die Gewerbefreiheit garantiert worden waren, boten sich erstmals breiteren Schichten wirtschaftliche und soziale Aufstiegschancen. Die von Frankreich zu zahlenden Kriegsentschädigungen belebten den allgemeinen Aufschwung in München und die Begeisterung für das junge Kaiserreich und der Glanz, den es entfaltete, nahmen merklich zu. Mächtige Repräsentationsbauten pragen die Architektur der sogenannten Gründerzeit, wie der Justizpalast am Karlsplatz, die neue Kunstakademie und das Bernheimer Palais am Lenbachplatz. 1899 wurde das Bayerische Nationalmuseum fertiggestellt, 1901 das Prinzregententheater, 1908 das Messegelände auf der Theresienwiese. Zahlreiche Schulen wurden gebaut, allein 42 Volksschulgebäude bis 1914.

Maschinenbaufirmen, Brauereien und hoch spezialisierte technische Gewerbe siedelten sich nun verstärkt in München an. Die Stadt wurde Ende des 19. Jahrhunderts zur Hochburg des Fortschritts in verschiedenen technischen Disziplinen: Adolf Ritter von Baeyer gelang die künstliche Herstellung des Farbstoffes Indigo und Carl von Linde die Entwicklung der ersten Kältemaschine, eines Vorläufers des Kühlschranks. Auf Initiative des Ingenieurs Oskar von Miller richtete München 1882 die Erste Internationale Elektrizitätsausstellung im Glaspalast aus. Dabei gelang erstmals eine Strom-Fernübertragung über eine Distanz von 57 Kilometern von Miesbach bis München. Wenige Jahre später gründete Miller ein Ingenieurbüro für Energiewirtschaft, initiierte die Bayernwerk AG, ließ das Walchenseekraftwerk erbauen und ermöglichte die Stromversorgung der Hauptstadt. 1895 konnten so die Pferde-Omnibusse durch elektrische Straßenbahnen ersetzt werden. Die Internationale Kraft- und Arbeitsmaschinenausstellung präsentierte den Patentmotorwagen von Karl Benz, dessen erste Ausfahrt im September 1888 erfolgen konnte. Zehn Jahre später stellte Rudolf Diesel, ein alter Freund von Miller, den nach ihm benannten Motor der Öffentlichkeit vor. Zwischen 1880 und 1895 erlebte Albert Einstein in München seine Schulzeit, während sein elterlicher Betrieb in der Lindwurmstraße sich an der Elektrifizierung Münchens maßgeblich beteiligte. Und 1901 erhielt Wilhelm Conrad Röntgen, seit 1900 Professor an der Universität München, den Nobelpreis für Physik für die Entdeckung der nach ihm benannten Strahlen.

Technischer Fortschritt wurde nun mehr und mehr zur Prestigesache der europäischen Nationen. Deutschland war vom Ehrgeiz besessen, England als technologisch führende Macht zu übertrumpfen, und diese Ambition sollte sich bis zum Ausbruch des Ersten Weltkriegs steigern. Zeichen des Fortschrittsglaubens jener Zeit wurde das Deutsche Museum auf der Isarinsel, das Oskar von Miller gründete und zu dessen Grundsteinlegung 1906 Kaiser Wilhelm II. aus Berlin anreiste. Die Sammlung sollte die Leistungen der Ingenieurskunst und der Technik würdigen und allgemein verständlich darstellen.

Mit dem rasanten Bevölkerungswachstum nahmen auch die Aufgaben der Gemeindeverwaltung zu. Längst überfällige Eingemeindungen wurden nun umgesetzt. Schon 1854 waren die Herbergsviertel rechts der Isar integriert worden: Au, Giesing und Haidhausen. Bis 1894 folgten Ramersdorf, Untersendling, Neuhausen, Schwabing und Bogenhausen. Die Infrastruktur musste angepasst werden, Mietskasernen entstanden. Die „Staffelbauordnung" des Münchner Architekten und Stadtplaners Theodor Fischer prägt das Münchner Stadtbild bis heute. Platzanlagen, öffentliche Gebäude und Wohnbereiche wurden durch Fischers Vorgaben zu wohldurchdachten Arrangements gefügt. Die Stadt musste mehr Personal einstellen und benötigte dringend neue Räumlichkeiten. 1867 begann am Marienplatz der erste Bauabschnitt für das Neue Rathaus. Die Stadtverwaltung wollte den nahen königlichen Prachtbauten eine imposante neugotische Architektur entgegensetzen, die das bürgerliche Selbstbewusstsein unterstreichen sollte. Georg Hauberisser, ein junger Architekt aus Graz, der in München bei Gottfried von Neureuther und Georg Friedrich Ziebland studierte, gewann den Wettbewerb. Bei der feierlichen Grundsteinlegung am Geburtstag des amtierenden Königs Ludwig II. konnte Hauberisser noch nicht ahnen, dass das Gebäude Ausmaße annehmen würde, die ihn bis zur Fertigstellung 1910 über 40 Jahre beschäftigen sollten. Doch noch war die Emanzipation von der Residenz nicht vollzogen, wie sich am Figurenschmuck der Rathausfassade gut erkennen lässt – 40 Wittelsbacher Stadt- und Landesherren. Die größte der Figuren ist diejenige des Prinzregenten Luitpold. München war in jenen Tagen eben doch noch ganz unverkennbar Residenzstadt – noch!

Luitpold war der drittgeborene Sohn König Ludwigs I., Bruder König Maximilians II. und König Ottos von Griechenland. Er war streng militärisch erzogen und hatte an den Kriegen 1866 und 1870/71 teilgenommen. Auf seinen weiten Reisen lernte Luitpold in Italien Erzherzogin Auguste Ferdinande von Österreich-Toskana kennen, die er im April 1844 im Dom der damals habsburgischen Stadt Florenz heiratete. In München bezog das junge Paar das Palais Leuchtenberg am Odeonsplatz, das Luitpold von den Erben des Grafen von Leuchtenberg erworben hatte. Hier kamen seine vier Kinder zur Welt, darunter die begnadete Naturwissenschaftlerin Prinzessin Therese und der spätere letzte König Bayerns, Ludwig III. Luitpold rechnete nie damit, die Thronfolge anzutreten. Zeitlebens war er ein leidenschaftlicher Jäger und hielt sich oft in den Wittelsbacher Jagdrevieren in den Alpen auf. Im Gegensatz zu Ludwig II. war er volksnah, leutselig und strahlte dennoch Würde aus. In politischer Hinsicht beanspruchte er jedoch die Hilfe von Ratgebern, insbesondere vom Leiter seiner Geheimkanzlei, die er bei seiner Regentschaftsübernahme einrichtete und die ihm als eine Art Nebenregierung diente. Luitpold war ein beliebter Monarch, aber ohne eigene Entschlusskraft.

Beschaulichkeit sollte zum Kennzeichen der bayerischen Politik seit der Reichsgründung werden, beruhend auf Münchens immer geringer werdenden außenpolitischen Ambitionen. Im zuständigen Ministerium waren nur noch die Gesandtschaftsposten bei der Kurie in Rom und bei der Reichsregierung in Berlin bedeutsam. Luitpold betonte zwar, dass Bayern kein Untertan des deutschen Kaisers sei, sondern vielmehr dessen souveräner Verbündeter. Faktisch lagen jedoch alle wichtigen Zuständigkeiten längst in Berlin und Luitpolds persönliches Verhältnis zu Kaiser Wilhelm II. kann als durchaus eng und freundschaftlich bezeichnet werden. Hinsichtlich der innenpolitischen Lage Bayerns hatte der Prinzregent eine sehr konservative Sicht auf die Realität und schien die grundlegenden Veränderungen der Zeit gar nicht wahrzunehmen. Er zeigte kein Verständnis für die Massenbewegungen der Arbeiterschaft und widmete ihr auch keinerlei Aufmerksamkeit. Zumindest die sich deutlich verändernde Parlamentszusammensetzung hätte ihn wachrütteln müssen, denn 1893 zogen erstmals die Sozialdemokraten in den bayerischen Landtag ein.

In Georg Vollmar fand die SPD einen wortgewaltigen Parteiführer. Bereits 20 Jahre später hatte Bayern die größte sozialdemokratische Fraktion in einem deutschen Parlament. Die Wahlrechtsreform war ihr ein ganz besonderes Anliegen. 1906 schlossen Zentrumspartei und SPD ein Bündnis, das unter anderem die gesetzliche

Einteilung der Wahlbezirke und die Direktwahl der Abgeordneten durchsetzen konnte. Stimmberechtigt waren jedoch auch weiterhin nur die über 25-jährigen männlichen bayerischen Staatsbürger, sofern sie Besitz nachweisen konnten und direkte Steuern zahlten. Sozial Schwache, Dienstboten, Industriearbeiter und Frauen – somit die überwiegende Mehrheit der Bevölkerung – blieben weiterhin von Wahlen ausgeschlossen.

Vor diesem sozialen Hintergrund konnte revolutionäres Gedankengut vorzüglich gedeihen. Wladimir Iljitsch Uljanow, genannt Lenin, wohnte ab 1900 für kurze Zeit bei einem Schwabinger Sozialdemokraten, nachdem er einige Jahre in sibirischer Verbannung zugebracht hatte. Während seines Exils in Westeuropa studierte er aufmerksam das Elend der Bevölkerung und suchte nach den Ursachen. Unter dem Pseudonym Meier gab Lenin die Exil-Zeitschrift „Iskra" in München heraus, die viel gelesen und diskutiert wurde. Außerdem verfasste er die Programmschrift „Was tun?", die zur Fibel der sozialistischen Revolution werden sollte. So plante Lenin Russlands Befreiung von der Zarenherrschaft und bereitete auch in München die Oktoberrevolution von 1917 vor.

Der Begriff der Prinzregentenzeit wird heute jedoch selten in Verbindung mit der damaligen Politik benutzt, sondern vielmehr in Bezug auf das künstlerische Schaffen in München um die Jahrhundertwende. Damals dominierte der Maler Franz von Lenbach die städtische Kunstszene. Als gefragtester Porträtist der Wilhelminischen Ära war er weit über München hinaus bekannt und für zahlreiche angesehene Familien tätig. In seiner Villa am Königsplatz empfing er wiederholt Reichskanzler Otto von Bismarck. Schaulustige umlagerten dann regelrecht sein Anwesen, um einen Blick auf Fürst Bismarck und „Malerfürst" Lenbach zu erhaschen, die sich gerne Bier trinkend und diskutierend auf dem Balkon zeigten. Von Lenbach stammen sämtliche Porträts des Reichskanzlers. Auch Heinrich von Moltke, seit 1858 Chef des Generalstabs der Armee, und Papst Leo XIII. ließen sich von ihm in Szene setzen. Sein Einfluss auf das Münchner Kunstleben glich einem Kunstdiktat, denn der Malerfürst und seine Freunde, der sogenannte Lenbach-Kreis, bestimmten das Kunstgeschehen und den Kunstgeschmack der ganzen Stadt. Unter Lenbachs Patronat stieg Gabriel von Seidel zum bestimmenden Architekten Münchens auf. Das von Seidel entworfene Künstlerhaus, zu dessen Grundsteinlegung der Prinzregent 1892 persönlich erschien, wurde Sitz der Künstlergesellschaft „Allotria", dessen Präsident – wie nicht anders zu erwarten – Lenbach war. Der Vereinigung gehörten Schriftsteller, Komponisten, Dirigenten, Politiker und so berühmte Künstler wie Arnold Böcklin, Franz von Defregger, Wilhelm von Kaulbach, Adolph von Menzel, Franz von Stuck und Heinrich von Zügel an. Lenbach war sich seines künstlerischen Einflusses nur zu bewusst. Für ihn war allein seine eigene Malerei maßgeblich und darin konnte er sich einer breiten Zustimmung sicher sein.

Doch nicht alle Münchner Künstler wollten sich Lenbachs Dominanz beugen und gingen stattdessen eigene Wege. 1893 gründete Fritz von Uhde die „Sezession", eine Sondergruppe, wie der Name bereits ausdrückte. Ihr gehörten in erster Linie Impressionisten an. Bei den potenziellen Kunstkäufern dominierte jedoch weiterhin der Wunsch nach traditioneller Malerei, wie sie der Lenbach-Kreis schuf. Für viele Progressive blieb die Stadt daher nur eine Zwischenstation in ihrer Künstlerlaufbahn, etwa für Hans von Marées, Max Liebermann, Lovis Corinth, Max Slevogt und Wilhelm Leibl.

Der Stadtteil Schwabing wurde um die Jahrhundertwende zum besonderen Sammelbecken künstlerischen Lebens und neuer Literatur. Jahrhundertelang war Schwabing ein kleines Dorf im Münchner Norden, bis sich die Stadt unter Ludwig I. bis an die Dorfgrenze ausdehnte und die Gründerzeit auch dort einen Bauboom auslöste. 1887 wurde Schwabing Stadt und 1891 von München eingemeindet. Um 1900 schließlich wurde es zu einer Art „bayerisches Montmartre" – ein Mythos, der noch heute gepflegt wird. Viktor Mann, letztgeborenes der berühmten fünf Mann-Geschwister, beschrieb die Schwabinger Künstler als „(...) alles, was hinter den tausend Schwabinger Atelierfenstern malte und Ton knetete, in den Mansarden dichtete, sang oder Noten schrieb, in kleinen Gasthäusern Schulden machte und in Cafés Nihilismus oder Ästhetentum verkündete".

Doch das Künstlerleben war keine rein romantische Angelegenheit. Die Schwabinger Bohème lebte im bewussten Kontrast zu den „Spießbürgern" der damaligen Zeit und sparte nicht an Kritik und Spott. Insbesondere die strenge Zensur im ganzen Kaiserreich bot reichlich Angriffsfläche, zumal einige Gesetze im katholischen Bayern noch zusätzliche Paragrafen erhielten. So wurde beispielsweise das deutsche Reichsgesetz zur Eindämmung von Kuppelei um ein Verbot jeglicher erotischer Abbildungen ergänzt. Zensurmaßnahmen wie diese ließen die ersten Kabaretts entstehen. Berühmt wurden „Die Elf Scharfrichter", die im Wirtshaus „Zum Goldenen Hirschen" auftraten. Für das Publikum hatten die Kabaretts einen enormen Unterhaltungswert, während die auftretenden Künstler ständig mit einem Bein im Gefängnis standen. Caféhäuser, Wirtschaften und Kleinkunstbühnen schossen wie Pilze aus dem Boden.

Den kreativen Schwabinger Künstlern und Literaten gelang es nicht, die breite Münchner Öffentlichkeit für die Moderne zu begeistern. Das Bürgertum erfreute sich weiterhin lieber an weniger provokanter Kunst, etwa den romantischen Gemälden von Moritz von Schwindt und Arnold Böcklin. Abstrakte Gemälde wie die der Schwabinger Künstlergruppe „Der Blaue Reiter", des Malerkreises um Wassily Kandinsky, fanden kaum Anerkennung und selten Käufer. Erst sehr später lernte man die Werke von Kandinsky und Franz Marc, Paul Klee, August Macke, Alfred Kubin und weiteren Wegbereitern der Moderne schätzen. Viele Künstler hatten da bereits München verlassen oder waren im Ersten Weltkrieg gefallen.

Viele Schwabinger Schriftsteller und Maler arbeiteten für das satirische Magazin „Simplicissimus", unter anderem Frank Wedekind und Ludwig Thoma. Berühmtes Erkennungszeichen der Wochenzeitschrift war eine zähnefletschende rote Bulldogge aus der Feder von Thomas Theodor Heine. Mit unverblümter Kritik an politischen und sozialen Missständen der Kaiserzeit und mit frechen Karikaturen wurde das Blatt überaus populär. Den Machern der Zeitschrift

Die satirische Wochenzeit-schrift „Simplicissimus" erschien von 1896 bis 1944.

brachte diese neuartige Form von politischer Unterhaltung jedoch zahlreiche Prozesse ein. Gerne trafen sich die Redaktionsmitglieder des „Simplicissimus" in der gleichnamigen Künstlerkneipe, in der Joachim Ringelnatz „Hausdichter" war: „Mitternacht ist's. Längst im Bette liegt der Spießer steif und tot. Ja dann winkt das traulich nette Simpl-Gasglüh-Morgenrot" – Ringelnatz fasste die Aufbruchstimmung einer jungen Generation im „Alten Simpl" in treffliche Verse. 1897 wurde auch erstmals die Wochenzeitschrift „Die Jugend" aufgelegt, die dem Jugendstil seinen deutschen Namen gab. Schwunghafte Linien, fantasievolle Ornamente und kräftige Farben waren ihre markanten Gestaltungselemente.

Legendär waren schon damals die Feste in Schwabings Künstlerkreisen, wie sie Gräfin Franziska zu Reventlow in ihrem Roman „Herrn Dames Aufzeichnungen oder Begebenheiten aus einem merkwürdigen Stadtteil" eindringlich festgehalten hat. Die Lebedame wusste, wovon sie schrieb, denn sie zählte zu den „Partylöwen" in Schwabing, das sie in ihrem Roman jedoch „Wahnmoching" nannte: „Wahnmoching (…) geht weit über den Rahmen eines

Stadtteils hinaus. Wahnmoching ist eine geistige Bewegung, eine Richtung, ein Protest, ein neuer Kult", heißt es in ihrem Werk. Ein Zentrum dieser Bewegung war eine der elegantesten Villen Schwabings in der Leopoldstraße, in der Alfred Walter Heymel und Rudolf Alexander Schröder die Literatur- und Kunstzeitschrift „Die Insel" herausgaben. Eine Einladung zu ihren pompösen Festen galt in Schwabinger Künstlerkreisen als ganz besondere Ehre.

Ab 1894 lebte Thomas Mann in Schwabing, wo einige seiner berühmtesten Werke entstanden. Zur Jahrhundertwende vollendete er hier „Die Buddenbrooks", für die er fast drei Jahrzehnte später den Literaturnobelpreis erhielt. „München leuchtete" – mit diesen viel zitierten Worten brachte er in seiner Erzählung „Gladius Dei" die scheinbar glanzvolle und dennoch janusköpfige Atmosphäre der Prinzregentenzeit auf den Punkt. Das München jener Tage strahlte tatsächlich, war aber innerlich marode. Die lebendige Kunstszene, die lange Friedenszeit und die zahlreichen Prachtbauten konnten nicht über Hunger, Massenarbeitslosigkeit und Wohnungselend hinwegtäuschen. Soziale Not herrschte in den Hinterhofwohnungen der neuen Mietskasernen und in allen städtischen Randgebieten, vor allem im Industriegebiet am Ostbahnhof und im Westend. Doch auch an Schwabing zweifelte der Schriftsteller: Waren die Leichtigkeit des Künstlerlebens und der Glanz der Feste nicht nur äußerer Schein? Fast prophetisch endet Manns Erzählung mit aufziehenden Gewitterwolken, die Münchens Himmel verdunkeln – Sinnbild für das Ende der unbeschwerten Prinzregentenzeit, das der Schriftsteller nahen sah.

Der Prinzregent starb im Dezember 1912 im Alter von 91 Jahren. Sein hohes Alter und würdevolles Auftreten hatten ihn zu einer festen Säule für Bayerns Geschicke stilisiert, er war gleichsam Bayerns „Titanic" geworden. Der Geschichtsphilosoph Oswald Spengler, der in seiner Wohnung nahe der Isar gerade an seinem Hauptwerk „Der Untergang des Abendlandes" schrieb, verglich den Tod des Prinzregenten daher auch ganz bewusst und bildhaft mit dem Untergang des Luxusdampfers wenige Monate zuvor. Die Todesnachricht löste landesweit tiefe Bestürzung aus. Der Trauerzug durch die Ludwigstraße war gewaltig und Postkarten hielten das Ereignis fest. In der Theatinerkirche hielt Kaiser Wilhelm II. persönlich die Trauerrede und beschrieb den verstorbenen Monarchen pathetisch als „Deutschlands letzten Ritter". Tatsächlich war dies schon der Anfang vom Ende der bayerischen Monarchie.

Luitpolds Sohn und Nachfolger Ludwig III. (1845–1921) war eine schwerfällige Erscheinung, wurde meist als „Bourgeois" bezeichnet und machte bei seinen öffentlichen Auftritten einen eher unbeholfenen als würdigen Eindruck. Prinz Otto, der geisteskranke Bruder Ludwigs II., verlor im Oktober 1913 nach einer Verfassungsänderung auch offiziell alle Anrechte auf den Thron. Damit endete die Zeit der Vormundschaftsregierung und Ludwig III. nannte sich nicht mehr Prinzregent, sondern wieder König von Bayern, als er fast 70-jährig den Thron bestieg.

Obwohl sich Ludwig III. als Jurist und Landtagsabgeordneter durchaus in der Sozialpolitik engagiert hatte, blieb unter seiner Führung in der bayerischen Politik alles wie gehabt. Wie seinen Vorgängern war ihm die Stabilisierung der monarchischen Strukturen wichtiger als die Umsetzung überfälliger Reformen. Die soziale Lage der Industriearbeiter blieb unverändert schlecht, doch den Forderungen der Arbeiterschaft und ihrer Bitte um Unterstützung wurde auch vom neuen König wiederholt eine Absage erteilt. Mit ihrer Ignoranz schaufelte sich die bayerische Monarchie zunehmend ihr eigenes Grab. Der arbeitslose Kunstmaler Adolf Hitler hatte sein Wiener Männerwohnheim verlassen und war 1913 nach München übergesiedelt, wo er in den Bierkellern seine kleinen Ansichtsbilder verkaufte. Vielleicht begegnete er beim Malen im Hofgarten oder am Odeonsplatz sogar dem Ehepaar Braun, das die einjährige Eva im Kinderwagen schob.

Am 2. August 1914 versammelte sich auf dem Odeonsplatz vor der Feldherrnhalle spontan eine riesige Menschenmenge, um Bayerns Kriegseintritt und die Mobilmachung zu feiern – der Erste Weltkrieg begann. Die Menge sang wieder „Die Wacht am Rhein" und das „Deutschlandlied". Die ganze Ludwigstraße war überfüllt und an den Straßenrändern reihten sich Tische mit Listen, in die sich Freiwillige für den sofortigen Fronteinsatz eintragen konnten. Hitler befand sich in der jubelnden Menge. Münchens Bürgermeister Wilhelm von Borscht kündigte in einer pathetischen Rede an, ein Sturm nationaler Begeisterung würde nun alles Trennende zwischen den Gesellschaftsklassen hinwegfegen. Tatsächlich ließ der Kriegsausbruch den sozialen Sprengstoff jener Tage für kurze Zeit vergessen und einte die Massen. Eines glaubte man mit Sicherheit: Siegen würde man, der König hatte es schließlich versprochen! Noch konnte niemand erahnen, wann und mit welch hoher Zahl an Opfern der Krieg enden sollte.

„Ausflug nach Paris" stand auf den ersten Soldatenzügen, die von München an die Front rollten. Im Rückblick auf die militärischen Erfolge von 1870/71 gaben sich Volk und Politiker siegessicher. Von dem Frankreichfeldzug erhoffte sich Ludwig III. die Angliederung des Elsass und Lothringens an das Königreich. Bayern schickte in 25 Divisionen insgesamt über 900.000 Soldaten in den Krieg, rund 13 Prozent seiner Bevölkerung. Der Oberbefehl – auch über die bayerischen Kontingente – lag bei Kaiser Wilhelm II. und der Obersten Heeresleitung in Berlin. Kronprinz Rupprecht (1869–1955) befehligte eine Armee im Westen, ab 1916 sogar eine eigene Heeresgruppe unter seinem Namen. Spätestens nach der verlorenen Schlacht an der Marne im September 1914 wuchsen jedoch Rupprechts Zweifel am Krieg in Frankreich. Die Schlachten bei Verdun, wo auch der Münchner Kunstmaler Franz Marc sein Leben verlor, und an der Somme sollten ihm bald Recht geben. Rupprechts Auseinandersetzung mit seinem Vater, Ludwig III., blieb jedoch ohne Erfolg, denn Bayerns Monarch glaubte fest an einen „Siegfrieden" um jeden Preis.

Der erste hoch technisierte Krieg änderte Münchens Wirtschaftsstruktur. Die Betriebe mussten sich rasch auf die Rüstungswirtschaft einstellen. München baute die kriegswichtigen Industriezweige deutlich aus. Krupp errichtete im Norden der Stadt die Bayerischen Geschützwerke, die Maschinenfabriken Kraus und

Maffei expandierten und als neues Unternehmen entstanden die Bayerischen Motorenwerke. Da viele Männer an der Front waren, stellten die Münchner Rüstungsbetriebe vorwiegend Frauen ein.

Die Versorgungslage der Zivilbevölkerung wurde jedoch schon bald ernst. Es fehlte am Nötigsten und die bayerischen Bauern hatten zudem anderen deutschen Ländern einen Großteil ihrer Produktion bereitzustellen. Bereits 1915 waren die Ernährungsprobleme gravierend und durch Rationalisierungsmaßnahmen kaum mehr in den Griff zu bekommen. Im Jahr darauf kam es zu ersten Krawallen, denn die Markenhefte sahen pro Tag lediglich 200 Gramm Mehl oder Brot, neun Gramm Butter, einen Viertelliter Milch, ein Pfund Kartoffeln und 36 Gramm Fleisch vor. Zahlreiche Münchner waren mittlerweile unterernährt. Die Bevölkerung begab sich auf „Hamsterfahrten" und selbst durch verschärfte Kontrollen konnte diese verbotene Form der Selbsthilfe nicht unterbunden werden. Neben der Lebensmittelknappheit kam es ab 1917 zu einem Mangel an Heizmaterial. Schon nachts bildeten sich lange Schlangen vor den Kohlehandlungen. Zwei Jahre nach Kriegsausbruch sehnten sich die Münchner nach Frieden und einer geregelten Versorgung. In den Nibelungensälen der Münchner Residenz fanden sich täglich adelige Damen ein, um auf Initiative von Königin Marie Therese Verbandszeug für die Front zu nähen.

Der Krieg war inzwischen zum blutigen Stellungskrieg, zum Massensterben in Giftgas und Granatenhagel geworden. Insgesamt starben 188.000 Bayern im Ersten Weltkrieg, davon allein 13.000 Münchner. Wenn schon kein Frieden möglich war, so war doch zumindest ein Waffenstillstand der inständige Wunsch aller. Von der einstigen Kriegsbegeisterung war nichts mehr geblieben. Der Glaube an die Monarchie, die einen leichten und raschen Sieg versprochen hatte, war tief erschüttert.

Im September 1917 brachte die SPD einen Antrag im Landtag ein, der alle über Jahre hinweg angestauten Reformvorhaben bündelte und der den Anhängern der Monarchie nicht behagen konnte: Modernes Wahlrecht, Erweiterung der Rechte des Landtags,

Abschaffung der Königs- und Adelsprivilegien und die Trennung von Staat und Kirche waren ein Teil davon. Der Antrag scheiterte. Noch größere Spannungen zwischen Regierung, SPD und der 1917 von ihr abgespaltenen USPD unter Kurt Eisner waren die Folge. Der aus Berlin stammende Journalist Eisner wurde monatelang zur bestimmenden Persönlichkeit der bayerischen Politik. 1910 war er nach München gekommen, schloss sich als überzeugter Pazifist der USPD an und stellte die Freiheit des Einzelnen in den Mittelpunkt seiner Weltanschauung. Rasch wurde er zur Symbolfigur derer, die sich nach Frieden sehnten. Als die Regierung angesichts der hoffnungslosen Kriegslage und der Proteste im November schließlich doch Reformen einleiten wollte, kamen diese zu spät: Appelle zur Bewahrung von Ruhe und Ordnung wurden von der Bevölkerung nicht mehr beachtet, Regierung und König wurden von den Ereignissen regelrecht überrollt. Am 7. November 1918, dem ersten Jahrestag von Lenins Revolution in Russland und dem Sturz des Zaren, trafen sich 60.000 Anhänger und Mitglieder der SPD, der Gewerkschaften und USPD zu einer Großkundgebung auf der Theresienwiese. Das war das Ende der bayerischen Monarchie – ausgerechnet zu Füßen der Kolossalfigur der Bavaria. Sofortiger Friedensschluss, Abdankung des Kaisers in Berlin und Thronverzicht des Kronprinzen, Arbeitslosenversicherung und Achtstunden-Arbeitstage lauteten die Forderungen der Demonstranten, die anschließend durch die Straßen zogen. Eine Kaserne nach der anderen öffnete die Tore, Soldaten und Reservisten verweigerten ihren weiteren Einsatz, sogar Regierungstruppen schlossen sich an.

Ludwig III. erfuhr von dem Aufstand auf seinem Nachmittagsspaziergang im Hofgarten der Residenz: „Majestät, gengas hoam, mir ham Revolution!", so wurde er gewarnt. Überrascht flohen er und seine engsten Angehörigen nach Österreich. Als der Demonstrationszug die Residenz erreichte, stieß er dort auf keinerlei Widerstand mehr, denn selbst die Palastwachen hatten bereits ihre Posten verlassen. In Anbetracht der unkontrollierbaren Lage löste sich sogar das bayerische Kriegsministerium auf.

In zahlreichen Bierkellern der Altstadt fanden spontane Kundgebungen statt. Im „Mathäserbräu" beim Hauptbahnhof gründeten die Revolutionäre einen Arbeiter- und Soldatenrat, der die politischen Geschäfte bis zur Wahl einer Volksvertretung übernehmen sollte. „Die Dynastie der Wittelsbacher ist abgesetzt! Hoch die Republik!", verkündete Kurt Eisner, der gegen Mitternacht auf den Schultern von begeisterten Revolutionären in den Landtag getragen wurde. In den frühen Morgenstunden des 8. November 1918 rief er dort den Freistaat Bayern aus. „Um nach jahrelanger Vernichtung aufzubauen, hat das Volk die Macht der Zivil- und Militärbehörden gestürzt und die Regierung selbst in die Hand genommen", verkündete er. Eine neue Zeit war proklamiert.

Noch vor der Revolution in Berlin war Bayern damit eine Republik geworden, mit Kurt Eisner als erstem Ministerpräsidenten. Bereits am selben Tag konnte man die Neuigkeit auf Hunderten Plakaten lesen. Auf Schloss Anif bei Salzburg entband König Ludwig III. am 13. November 1918 seine Beamten vom Treueid. Die Herrschaft der Wittelsbacher in Bayern, die 738 Jahre zuvor mit Herzog Otto I. begonnen hatte, war beendet. Der Hof in München hatte seine Rolle als politisches Zentrum Bayerns verloren.

Doch schon als am 11. November 1918 in Compiègne der Waffenstillstand unterzeichnet wurde, wich die anfängliche Revolutionsbegeisterung der allgemeinen Kritik. Eisners Eingeständnis der Kriegsschuld empfanden viele als Demütigung Deutschlands und der Soldaten. Bald kam die Dolchstoßlegende auf, derzufolge die Revolution und nicht die militärische Unterlegenheit zur Kriegsniederlage geführt habe. Auch in München glaubten viele diesen Parolen der Anhänger des alten Regimes und die Chefs der Obersten Heeresleitung, Paul von Hindenburg und Erich Ludendorff, hatten ihr Ansehen und ihren Einfluss längst nicht verloren. Der soeben noch umjubelte Eisner sah sich plötzlich von allen Seiten angegriffen.

Innenpolitisch bewirkte Eisners Regierung gleichwohl eine Reihe grundlegender Reformen, etwa die Einführung des Achtstunden-Arbeitstages, des arbeitsfreien Sonntags und die Aufhebung der geistlichen Schulaufsicht. Entwürfe für eine Verfassung und ein Landeswahlgesetz legte sie ebenfalls bald vor. Doch diese Maßnahmen konnten nicht verhindern, dass bei den Landtagswahlen im Januar 1919, an der nun auch Frauen erstmals teilnehmen durften, Eisners USPD eine herbe Niederlage erlitt. Von 188 Landtagsmandaten konnte sie lediglich drei erringen.

Am 21. Februar 1919 befand sich Eisner auf dem Weg in den Landtag, um als Ministerpräsident abzudanken und den Rücktritt seiner Regierung zu verkünden, als er auf offener Straße von dem nationalistischen Reserveleutnant Graf Anton Arco auf Valley ermordet wurde. Der Attentäter gehörte der antisemitischen und rechtsradikalen Thule-Gesellschaft an, zu der auch zahlreiche spätere NS-Größen zählten. Die Revolution von 1918 sei von „Niederrassigen" geplant worden, „um den Germanen zu verderben", ließ der Vorsitzende der Gesellschaft, Freiherr Rudolf von Sebottendorff, verkünden. Arco sagte aus, er habe in Eisner einen Juden, Bolschewisten und Vaterlandsverräter gesehen und ihn daher töten wollen.

Eisners Ermordung fand unmittelbar eine linksextreme Vergeltung. Alois Lindner vom Revolutionären Arbeiterrat lief im Landtag Amok, nachdem er von dem Mordanschlag erfahren hatte, schoss auf den Sozialdemokraten Erhard Auer, der Eisners Rücktritt ungeduldig erwartet hatte in der Gewissheit, neuer bayerischer Ministerpräsident zu werden, und tötete einen weiteren Abgeordneten. Damit brachen erneut Tumulte von Arbeitern und Soldaten aus. Plünderungen und Gewalttätigkeiten auf den Straßen folgten. Die USPD rief zu einem Generalstreik auf und von den Türmen der Frauenkirche wehte die rote Fahne der Kommunisten. Rund 100.000 Menschen säumten die Straßen beim Leichenzug für Kurt Eisner. Eisner habe in vier Monaten als Ministerpräsident politisch mehr bewegen können als die Wittelsbacher in all den Jahren ihrer Herrschaft, stellte Heinrich Mann fest, der die Grabrede am Münchner Ostfriedhof hielt.

Die Lage in München wurde chaotisch. Am 7. April rief der Revolutionäre Arbeiterrat die bayerische Räterepublik aus und noch am gleichen Tag floh die kurz zuvor gewählte SPD-Regierung von Ministerpräsident Johannes Hoffmann nach Bamberg. München wurde wochenlang Schauplatz kommunistischer Unruhen. Die führenden Personen im sogenannten Vollzugsrat wurden Eugen Leviné und Max Levien. Bayern sollte unter Moskaus Führung ein Eckpfeiler der großen internationalen Revolution werden, war ihre Vision, und sie informierten die Regierungen Russlands und Ungarns über die Konstituierung einer bayerischen Räterepublik. „Wir (…) begrüßen unsererseits von ganzem Herzen die Räterepublik in Bayern", antwortete der russische Revolutionsführer und einstige Exil-Münchner Lenin. Der Rat bereitete die Enteignung der Fabrikbesitzer und der „Kapitalisten" vor und hob Hypotheken- und Pachtzahlungen auf. Das Münchner Bürgertum bangte um seinen Besitz. Die Bamberger Exilregierung bat die Reichsregierung um Unterstützung gegen die kommunistischen Umtriebe in München. Von Weimar aus, wo die Reichstagsabgeordneten die Verfassung für die neue Deutsche Republik ausarbeiteten, machte Reichspräsident Friedrich Ebert (SPD) Druck auf Bayerns Regierung, die Revolution rasch niederzuschlagen, stellte gar ein Ultimatum. Und Johannes Hoffmann reagierte: Am Palmsonntag 1914 ließ er das Wittelsbacher Palais von einer „Republikanischen Schutztruppe" umstellen, die sich mit der „Roten Garde" ein heftiges Gefecht lieferte. Die Münchner Räterepublik hatte sich nämlich zwischenzeitlich auf den Angriff vorbereiten können und eine 20.000 Mann starke Truppe mobilisiert, die sogenannten Rotarmisten. Einer ihrer Wortführer war der Schriftsteller Ernst Toller, dessen Bühnenstücke in den 1920er-Jahren zu den meistgespielten in Deutschland zählten. Toller, bislang ein ausgesprochener Pazifist, hielt wütende Reden und schwor die Truppen mit sozialistischen Parolen auf den bevorstehenden Kampf ein.

Die heftigsten Auseinandersetzungen zwischen Rot- und Weißarmisten fanden im Münchner Norden, in Dachau, Karlsfeld und Unterschleißheim, aber auch in Rosenheim, Freising und schließlich auch im Bereich des Münchner Hauptbahnhofs statt. Im April 1919 wurde München von den Weißen Truppen eingekesselt, angeführt von Freikorpsführer Franz Ritter von Epp, einem Berufssoldaten mit „ausgewiesenen Bluthund-Qualitäten", die er bereits bei der Niederschlagung des Boxeraufstandes in China und dem Herero-Massaker in Deutsch-Südwestafrika hatte unter Beweis stellen können. Sich ihrer Niederlage bewusst, erschossen die Rotarmisten 14 ihrer Gefangenen, darunter Mitglieder der rechten Thule-Gesellschaft. Den Weißen Truppen war dies ein willkommener Anlass für ein rasches und brutales Vorgehen gegen die Eingeschlossenen. Ihrem Sturmangriff am 1. Mai 1919 fielen fast 1.000 Münchner zum Opfer, viele davon waren nicht einmal Revolutionäre, manche noch Kinder. Gerichtsverfahren gab es nicht. In den Arbeitervierteln durchkämmten Freikorps auf der Suche nach versteckten Rotarmisten Haus für Haus. 1.500 Personen wurden verhaftet und gingen für lange Jahre ins Gefängnis. Von den Türmen der Frauenkirche wehten wieder die weißblauen Fahnen. Die bayerische Regierung konnte nach München zurückkehren, doch erst am 1. Dezember 1919 wurde der Kriegszustand aufgehoben. Das Rätesystem war gescheitert. Doch welche menschlichen, gesellschaftlichen und politischen Verwerfungen entstanden waren, als die SPD durch rechtsradikale Freikorps die Kommunisten niederschießen ließ, sollten erst die kommenden Jahre zeigen. Von einer gesellschaftlichen Befriedung konnte nicht die Rede sein, und Franz Ritter von Epp sollte bald Hitlers Reichsstatthalter in Bayern werden.

Die Aufzeichnungen des Gerichtsverfahrens gegen Eisners Mörder belegen, wie schnell sich die politischen Gewichte nach Revolutionsende nach rechts verschoben: Die 1920 gegen Arco verhängte Todesstrafe wurde wiederholt abgemildert und bereits 1924 wurde er aus der Haft entlassen. „Wahre, tiefe, innerlich wurzelnde Vaterlandsliebe war es, die den Angeklagten zu seiner Tat veranlasste", kommentierte der zuständige Staatsanwalt Arcos Tatmotive. Über die kommunistischen Revolutionäre von 1919 sprachen die Gerichte indes harte Urteile. Toller musste für fünf Jahre ins Gefängnis. „An baldige Freiheit darf ich nicht denken. In der Republik amnestiert man wohl Kappisten, Feinde der Republik, die Mörder Liebknechts und Luxemburgs (...) – die Kämpfer für soziale Gerechtigkeit lässt man im Gefängnis", schrieb er über die politische Lage nach dem Scheitern der Räterepublik.

Die Münchner waren angesichts der turbulenten Ereignisse in ihren Meinungen völlig gespalten, sahen sich entweder befreit oder beklagten das Scheitern ihrer Revolutionsideale. Ein Aufruf der Brüder Thomas und Heinrich Mann, Ricarda Huchs, Rainer Maria Rilkes und anderer Geistesgrößen an das Bürgertum, gemeinsam mit der Arbeiterschaft bei der Gestaltung der Republik zusammenzuarbeiten, verhallte ungehört. Viele Münchner hatten inzwischen ihre Zweifel, ob das Ende der Monarchie tatsächlich ein Fortschritt oder nicht gar ein Rückschritt war. Am 5. November 1921 füllten Zehntausende die Straßen, als der Sarg des verstorbenen und nach München überführten ehemaligen Königs Ludwig III. in die Frauenkirche gebracht wurde. Vor sämtlichen bayerischen Bischöfen, Ministern, Familienangehörigen des Hauses Wittelsbach, Vertretern befreundeter Fürstenhäuser und der Reichswehr zelebrierte Münchens Erzbischof Kardinal Michael von Faulhaber den Trauergottesdienst, wobei er das Königtum von Gottesgnaden verteidigte und die Revolution verdammte. Die Predigt zeigte eine dermaßen starke Wirkung, dass der Katholikentag 1922 in München unter das Motto „Monarchie oder Republik?" gestellt wurde. Diskussionsteilnehmer und Fürsprecher der Republik war Konrad Adenauer, Oberbürgermeister der Stadt Köln.

Monarchistische und reaktionäre Bewegungen erfreuten sich nun eines großen Zulaufs. Im Januar 1919 entstand die Deutsche Arbeiterpartei und im Monat darauf formierte sich der Deutschvölkische Schutz- und Trutzbund und machte das Hakenkreuz zum Abzeichen. Dem Radikalismus von links folgte nun eine Tendenz zum militanten Antikommunismus und aggressiven Antisemitismus. Der Weg für Adolf Hitlers Aufstieg war geebnet.

IN DEN ABGRUND

München wird Hochburg des Antisemitismus und ideologisches Zentrum der NSDAP. Adolf Hitler gelingt es mit einem Putschversuch sein Ansehen zu stärken. Zahlreiche Intellektuelle verlassen die Stadt, vertrieben vom zunehmend radikalen politischen Klima. Hitler wird Reichkanzler und lässt nahe München das Konzentrationslager Dachau errichten. Die Reichspogromnacht geht von München aus und bildet den Auftakt der systematischen Verfolgung und Ermordung der Juden durch das Nazi-Regime. Die „Hauptstadt der Bewegung" wird im Zweiten Weltkrieg fast vollkommen zerstört und die amerikanischen Truppen finden nach Kriegsende eine Trümmerstadt vor.

Münchens jüdische Gemeinde war zu Beginn des 20. Jahrhunderts die größte Süddeutschlands. Verglichen mit denen Berlins oder Wiens war sie mit knapp 9.000 Mitgliedern jedoch recht klein. Ihre Hauptsynagoge befand sich in der Herzog-Max-Straße, während die Synagoge der orthodoxen Gemeinde in der Herzog-Rudolf-Straße lag. Viele jüdische Einwohner stammten aus Galizien, Polen oder Russland und wurden von den Münchnern oft abschätzig als „Ostjuden" bezeichnet. Andere galten als angesehene Mitburger und hatten sich seit Generationen im Geschäftsleben etabliert. 1871 war die rechtliche Gleichstellung der Juden mit der übrigen Bevölkerung im ganzen Reich gesetzlich garantiert worden, doch konnte man dagegen immer häufiger Protest vernehmen: Antisemitische Schriften kursierten und versuchten, die Bevölkerung gegen die Juden aufzubringen. Viele Publikationen forderten statt der soeben bewirkten Stärkung die vollkommene Entrechtung der Juden. Der „Grobian" und andere Münchner Satireblätter nahmen diesen Trend bereitwillig auf und entwickelten sich zu Sprachrohren antijüdischer Polemik. Selbst konservative Gazetten wie die „Staatsbürgerzeitung" beklagten eine „erschreckende Zunahme des jüdischen Elements" und sahen den Untergang des Münchner Mittelstandes heraufziehen.

Für einen Großteil der Münchner Bevölkerung waren die Volkssänger, die seit dem 19. Jahrhundert in den Wirtshäusern für Unterhaltung sorgten, Vermittler des Zeitgeistes. Sie griffen die Themen auf, die das Volk bewegten, und verarbeiteten sie zu eingängigen Texten. Ferdinand Weisheitinger, genannt „Weiß Ferdl", war einer von ihnen. Der gebürtige Altöttinger hatte auf der Bühne des beliebten Platzl-Theaters Karriere gemacht und wurde bald dessen Direktor. Allabendlich trat er in den Münchner Bierkellern auf und wurde im Windschatten des aufkommenden Nationalsozialismus berühmt. Als früher Sympathisant nationalsozialistischer Ideen trat er ab 1922 bei Parteiveranstaltungen auf und unterhielt enge Kontakte zu den Parteigrößen. Er sparte nicht an Judenspott und erhielt viel Applaus für seine Lieder. „A Schütz bleibt a Schütz / Ob er geht oder laft / Und a Jud bleibt a Jud / Wenn man ihn hundertmal taft (tauft)", lautete ein bezeichnender Vers, den er zum Besten gab. Diffamierungen wie diese häuften sich und wurden schließlich alltäglich. Trotz der Gesetzeslage war es normal geworden, gegen die Juden zu hetzen. Nur wenige nahmen die Gemeinde in Schutz.

Anfang des 20. Jahrhunderts war München bereits eine Hochburg des Antisemitismus und der „Alldeutschen Bewegung" geworden, die hauptsächlich protestantische Mitglieder zählte und im katholischen Bayern ihren Ultranationalismus besonders krass beweisen wollte. Die speziellen Münchner Revolutionsgeschehnisse von 1919 trugen nicht unerheblich dazu bei, die Stadt zur Keimzelle des Nationalsozialismus werden zu lassen. Viele Menschen zeigten sich, nachdem sie bereits antisemitisch eingestellt gewesen waren, auch für antimarxistische Ideologien empfänglich. Überall war der Ruf nach „Ruhe und Ordnung" zu hören. Man schloss sich zu bewaffneten Bürgerwehren gegen Kommunisten, Anarchisten und Putschisten zusammen, von denen man sich latent bedroht fühlte.

Revolution und blutiger Bürgerkrieg hatten alle Bevölkerungs-schichten erschüttert und dauerhaft gespalten. Die Schriftstellerin Annette Kolb schrieb über München 1919 in ihrem Roman „Daphne Herbst": „Zweifach überrumpelt und verwirrt, verwirrte es zwie-fach." Auch Oskar Maria Graf schilderte die tief gespaltene und radikalisierte Stimmung Münchens in seinem Roman „Wir sind Gefangene". Nicht nur der Glaube an Recht und Gerechtigkeit waren zerstört, vor allem den politischen Vertretern der neuen Republik brachte man keinerlei Vertrauen entgegen. Es war die Stunde der Demagogen.

Adolf Hitler war im Mai 1913 nach München gekommen, um hier sein Glück als Maler zu versuchen, nachdem sein Aufnahme-versuch an der Wiener Kunstakademie gescheitert war. Freiwillig war er in den Ersten Weltkrieg gezogen und im November 1918 verwundet aus dem Heer entlassen worden. Nach seiner Rückkehr nach München zählte er zu den vielen Arbeitslosen der Nachkriegs-zeit. 1919 erhielt er von der Reichswehr den Auftrag, als V-Mann die als rechtsextrem geltende Deutsche Arbeiterpartei auszuspio-nieren. Die Gruppierung war ein Ableger der antimarxistisch und antisemitisch orientierten Thule-Gesellschaft. Doch anstatt gegen die Partei zu ermitteln, trat er ihr bei und wurde sogleich politisch aktiv. Rasch wurde er Werbeobmann der Deutschen Arbeiterpartei, die sich im Februar 1920 den Namen Nationalsozialistische Deut-sche Arbeiterpartei (NSDAP) zulegte. Wenige Tage später strömten über 2.000 Zuhörer zu ihrer ersten Kundgebung ins „Hofbräuhaus", bei der auch das Parteiprogramm verkündet wurde. Hitler erntete reichlich Beifall und erreichte schon bald höhere Sympathiewerte bei den NSDAP-Anhängern als die Parteigründer. Als sogenannter „Trommler der Bewegung" hielt er aufpeitschende und zynische Reden gegen das Judentum, den Bolschewismus und den „Versailler Schandfrieden". Der „Völkische Beobachter" wurde zum zentra-len Parteiorgan und erschien von 1923 bis 1945 – nur von kurzen Verboten unterbrochen – in einer süddeutschen und einer eigenen Münchner Ausgabe.

Hitler hatte Kontakt zu angesehenen Münchner Industriellen und Verlegern, die ihn in die Münchner Gesellschaft einführten und salonfähig machten. Er bekam Zugang zu vornehmen Clubs, zum Kaufmanns-Casino am Odeonsplatz und weiteren Topadressen der Stadt. Ernst Franz Sedgwick Hanfstaengl, genannt „Putzi Hanfstaengl", ein international gebildeter und promovierter junger Kunsthändler mit besten gesellschaftlichen Kontakten, war einer der Münchner „Türöffner" Hitlers. Hanfstaengels Spendensammlungen ermöglichten es der NSDAP, den „Völkischen Beobachter" als Parteizeitung zu erwerben. Diese gesellschaftliche Aufwertung schuf die Basis für Hitlers weiteren politischen Aufstieg und die NSDAP erkannte schnell sein werbewirksames Auftreten. Sie stellte Hitler zunehmend in den Mittelpunkt ihrer Propaganda. Seit 1922 ließ sich dieser auf Schritt und Tritt von dem Fotografen Heinrich Hoffmann begleiten und ablichten. Später sollte Hoffmanns Mitarbeiterin Eva Braun Hitlers heimliche Geliebte werden.

Im Juli 1921 wurde Hitler schließlich Parteivorsitzender der NSDAP und reorganisierte deren Sturmabteilung (SA), einen paramilitärischen Wehrverband, der reichlich Zulauf hatte. Viele Arbeitslose, verbitterte ehemalige Soldaten und Intellektuelle schlossen sich der Verbindung an und machten zum Teil rasch Karriere. Hitlers Appelle zur „Wiederherstellung deutscher Ehre und deutschen Wohlstands" fanden aber auch über die Parteigrenzen hinweg und in weiten Bevölkerungsteilen Anklang.

Die rechtskonservative Regierung unter Regierungspräsident Gustav von Kahr wollte Bayern zu einer antisozialistischen „Ordnungszelle" des Reiches machen und bot der rechtsradikalen NSDAP eine ideale Plattform. Der Ministerpräsident unterschätzte allerdings Hitlers revolutionäre Energien und setzte sich erst viel zu spät mit der Bedrohung des Staates durch die NSDAP auseinander. Bei ihrem ersten Reichsparteitag, der Ende Januar 1923 in München stattfand, zählte die Partei bereits 20.000 Mitglieder, die sich später „die alten Kämpfer" nannten. Schon Anfang der 1920er-Jahre hatte der Parteivorsitzende diejenigen NSDAP-Wegbegleiter um sich geschart, mit denen er später Reichspolitik machen sollte: Rudolf Heß, Hermann Göring und viele mehr. Und Heinrich Himmler, dessen Vater Direktor des renommierten Münchner Wittelsbacher-Gymnasiums war. Der Schriftsteller Alfred Andersch stellte später in seiner Erzählung „Der Vater eines Mörders" die erschreckend treffsichere Frage: „Ja schützt denn Humanismus vor gar nichts?"

1923 wurde zum Krisenjahr der Weimarer Republik. Reichsaußenminister Walther Rathenau von der Deutschen Demokratischen Partei (DDP) wurde ermordet. Der Minister war Jude und als Nationalliberaler bei den Rechten sehr verhasst. Sie beschimpften Rathenau als „Erfüllungspolitiker" und machten ihn für die hohen Entschädigungszahlungen Deutschlands an die Siegermächte verantwortlich. Die Spuren der Ermittlung führten nach München. „Rathenau, nun ist er tot! Ebert und Scheidemann leben noch. Die Juden-Regierung an den Galgen", war dort drohend auf NSDAP-Plakaten zu lesen, die den Mord unverhohlen unterstützten.

Der Einmarsch der französischen Truppen ins Ruhrgebiet, die gigantische Inflation und die Währungsreform brachten der NSDAP währenddessen großen Mitgliederzulauf. Zwar erkannte die bayerische Regierung nach SA-Aufmärschen und nach Fahnenweihen in Nürnberg, Landshut und München, dass sich die NSDAP zu einer ernst zu nehmenden, wenn nicht gar gefährlichen Bürgerkriegstruppe entwickelt hatte, reagierte aber nur schwach und hilflos gegen diese Umtriebe. Politik und Polizei hatten viel zu lange den gewaltbereiten Extremismus von rechts toleriert, der sich bereits zu einer Massenbewegung ausgeweitet hatte. Münchens Polizeipräsident Ernst Pöhner rechtfertigte seine Tatenlosigkeit gegenüber der NSDAP später mit den Worten, er hätte in ihr die „Saat für die Erneuerung Deutschlands" gesehen. Der „Simplicissimus" brachte die Wirren und Widersprüche des Jahres 1923, das Nebeneinander von Sicherheitsbedürfnis und Extremismus, mit einer berühmt gewordenen Karikatur auf den Punkt. Abgebildet ist ein betrunkener Stammtischbruder, der über seinem Maßkrug lallt: „Mei Ruah möcht' i hamm / und a Revolution / A Ordnung muaß sei' / und a

Judenpogrom / A Diktator g'hört hera / und glei' davo' g'haut: / Mir zoagen's Enk scho'/ wia ma Deutschland aufbaut!"

Viele Intellektuelle und Schriftsteller erkannten die Zeichen der Zeit, fanden mit ihren Warnungen jedoch kaum Gehör. Oskar Maria Graf, Lion Feuchtwanger und Joseph Roth beschrieben den reaktionären Geist und den Sumpf der Bierseligkeit. Feuchtwanger schilderte in seinem Roman „Erfolg", der bei seinem Erscheinen als „Schandwerk" und „gemeine Schmähschrift" bezeichnet wurde, die Geschehnisse im München der Jahre 1920 bis 1923. „Eine perfide Verleumdung des Landes, Volkes und führender Persönlichkeiten Bayerns", warf man dem Autor deshalb im „Bayerischen Staatsanzeiger" vor. Das einst feinsinnige München war zum Nährboden für Intoleranz und Rechtextremismus verkommen, so wie es Feuchtwanger beschrieben hatte.

Die politische Radikalisierung spielte sich vor dem Hintergrund katastrophaler sozialer Verhältnisse ab. Das Elend begünstigte Hitlers Aufstieg. Auf dem Marienplatz kam es wiederholt zu Hungerdemonstrationen. 60.000 Münchner waren auch 1923 noch auf Arbeitssuche, Abertausende benötigten eine Wohnung. Zwar entstanden erste moderne Großsiedlungen wie die „Borstei" an der Dachauer Straße, doch mit sozialen Wohnungsbauprojekten erhöhte sich der ohnehin gigantische Schuldenberg der Stadt nur noch weiter und letztendlich wirkten solche Maßnahmen nur wie Tropfen auf dem heißen Stein. Im Oktober 1923 musste die städtische Haushaltsberechnung dem dramatischen Währungsverfall angepasst werden. Der Schuldenberg hatte die sagenhafte Höhe von 35.000.000 Billionen Mark erreicht – München war bankrott.

Die allgemeine Untergangsstimmung wollte Hitler für seine NSDAP nutzen. Er glaubte, die Zeit für einen Putsch sei nun gekommen. Das parlamentarische System von Weimar sei am Ende und Deutschlands Rettung habe von der „Schicksalsstadt" München aus zu geschehen, so seine Überzeugung. Am Abend des 8. November 1923 fuhr der Parteivorsitzende mit einigen Sympathisanten und bewaffneten SA-Männern, dem „Stoßtrupp Hitler", zum „Bürgerbräukeller" am Gasteig, in dem eine hochkarätige politische Veranstaltung stattfand. Sie begannen zu randalieren, Hitler schoss in die Luft und rief die „deutsche Revolution" aus. Auch Hermann Göring und Ex-General Erich Ludendorff waren an der Aktion beteiligt. Bayerns Regierungspräsident von Kahr, der Chef der bayerischen Landespolizei Hans von Seisser, Bürgermeister Eduard Schmid und einige Stadträte wurden von den Randalierern als Geiseln genommen und verschleppt, die Regierung durch die „Nationale Revolution" gestürzt. Am folgenden Morgen besetzte die SA das Wehrkreiskommando und entführte Münchens Oberrabbiner. Der spätere Nürnberger Gauleiter Julius Streicher hielt auf dem überfüllten Marienplatz eine Hetzrede gegen die Juden. Die Menge grölte anschließend in Begeisterung über den Putsch vaterländische Lieder.

Hitler marschierte mit 2.000 Anhängern und SA-Männern vom „Bürgerbräukeller" los, um das Volk auf der Straße für seinen Umsturz zu begeistern. Auf Plakaten, die während der Nacht in aller Eile gedruckt worden waren, verkündete die NSDAP bereits die Absetzung der „Regierung der Novemberverbrecher in Berlin".

Unmittelbar nach seiner Freilassung rückte Regierungspräsident von Kahr von seinen erzwungenen Zugeständnissen an Hitler ab und leitete Sofortmaßnahmen gegen die Aufständischen ein, die ihre Geiseln mittlerweile freigelassen hatten. An der Feldherrnhalle stoppte die Landespolizei die Putschisten und eröffnete das Feuer. 16 NSDAP-Anhänger und vier Polizisten wurden getötet. Die Demonstranten flohen in Panik, die Revolution brach zusammen, doch Hitler entkam. Zwei Tage darauf konnte er in Uffing am Staffelsee, im Haus der Hanfstaengls, verhaftet werden. Hitlers Putsch war am 9. November 1923 gescheitert.

Die NSDAP samt nahe stehenden Vereinen wurde daraufhin verboten. Hitlers Putsch hatte aber deutlich gezeigt, dass die Regierung nicht mehr Herr der Lage war und es zu lange versäumt hatte, die Massenbewegung NSDAP in die Schranken zu weisen. Der Regierungspräsident musste zurücktreten.

Im März 1924 fand der Prozess gegen die Putschisten statt, denen jedoch weitverbreitete Sympathie galt. Hitlers Motive wurden selbst vom Staatsanwalt und vom Richter anerkennend kommentiert. Die meisten Angeklagten erhielten erwartungsgemäß geringe Gefängnisstrafen, einige wurden sogar freigesprochen – für die wieder zugelassene NSDAP ein besonderer Triumph, der ihr bei der Landtagswahl eine Woche später zu 35 Prozent der Stimmen verhalf. „Sagt, was haben sie verbrochen? / Soll es sein gar eine Schand / Wenn aus Schmach und Not will retten / Man sein deutsches Vaterland?", klang Weiß Ferdls Loblied auf die Angeklagten in den Bierkellern.

Hitler nutzte seine Haftzeit in Landsberg am Lech dazu, seinen Mitgefangenen Emil Maurice und Rudolf Heß den ersten Band seiner Programmschrift „Mein Kampf" zu diktieren. Er war zu der Überzeugung gelangt, dass die nationale Revolution nicht militärisch, sondern mittels Propaganda erreicht werden müsse. Schon im Dezember 1924 war Hitler wieder auf freiem Fuß und führte bereits am selben Tag ein Gespräch mit dem neuen bayerischen Ministerpräsidenten Heinrich Held von der Bayerischen Volkspartei (BVP). Hitler versprach, fortan keine Straftaten mehr zu begehen – und Held glaubte ihm.

Während der relativen Ruhe der Weimarer Jahre ab 1924 konnten sich die seit dem Weltkrieg und den Revolutionen erhitzten Gemüter vorübergehend beruhigen, doch die Ruhe war nur oberflächlich. Tatsächlich verließen immer mehr Geistesgrößen, Schriftsteller und Künstler die Stadt: Bertolt Brecht, Ödön von Horváth, Paul Klee, Ricarda Huch und viele mehr. Die Atmosphäre der Intoleranz lähmte das kulturelle Schaffen. 1929 gingen einem von Max Reinhardt, einem Juden, inszenierten Gastspiel an den Münchner Kammerspielen heftige Angriffe aus dem Stadtrat voraus. Von „einer Schande für das deutsche Volk" war die Rede, und so verwundert es nicht, dass auch die freizügige Show des farbigen Weltstars Josephine Baker im Deutschen Theater auf Antrag der NSDAP verboten wurde. 1929 erhielt der in München lebende

Thomas Mann den Literaturnobelpreis, was der Stadt kurzzeitig einen Hauch kultureller Weltoffenheit verlieh. Gleichwohl verkaufte sich in diesen Jahren Hitlers „Mein Kampf" weitaus besser als die Werke des großen Literaten, und bereits im Frühjahr 1933 sah sich Mann nach einem Vortrag über Richard Wagner an der Münchner Universität gezwungen, die Stadt zu verlassen und ebenfalls ins Exil zu gehen. Die NSDAP nutzte die Zeit zum Aufbau innerparteilicher Strukturen und Verbände: Schutzstaffel (SS), Hitler-Jugend (HJ), Frauenbund sowie die nationalsozialistischen Berufsverbände der Juristen, Lehrer, Ärzte und weitere entstanden.

1929 herrschte wieder allgemeine Krisenstimmung in München, denn der erhoffte Wirtschaftsaufschwung war ausgeblieben. Auch die modernen Zeiten mit Warenhäusern, Kinos, Leuchtreklamen und zunehmendem Straßenverkehr konnten nicht darüber hinwegtäuschen, dass es den meisten Münchnern schlecht ging. Seit Kriegsende hatte sich an ihrer Situation kaum etwas geändert, viele fühlten sich vergessen. Ende des Jahres sollten Stadtratswahlen stattfinden, für die Hitlers NSDAP keine Mühen und Kosten scheute und vor allem auf die Stimmen der sozial Schwachen setzte. 2.000 SA-Männer ließ die Partei zu Propagandazwecken durch die Stadt marschieren. Vor Arbeitsämtern und krisengeschüttelten Betrieben schürten Redner den Unmut. In Münchner Bierkellern ließ die NSDAP parallel Veranstaltungen abhalten, die Hitler medienwirksam nacheinander besuchte. Er ergriff jeweils kurz das Wort und vermied dabei kommunalpolitische Themen, konkrete Lösungsvorschläge machte er keine. „München muss wieder die Hoffnung des nationalen Deutschland werden", so wich er in überregionale Zusammenhänge aus und erhielt dennoch reichlich Beifall.

Stärkste Fraktion bei den Wahlen wurde trotzdem die SPD, gefolgt von der BVP, und Karl Scharnagl wurde wieder zum Bürgermeister gewählt. Dennoch blieb München weiterhin Hitlers Stützpunkt: Im Dezember 1931 feierte die NSDAP das Richtfest ihrer neuen Zentrale, dem sogenannten Braunen Haus in der Brienner Straße. Aufgrund der einbrechenden Immobilienpreise während der

Wirtschaftskrise hatte die NSDAP das elegante klassizistische Palais Barlow erwerben können. Neben weiträumigen Besprechungszimmern, Organisations- und Verwaltungsbüros wurden dort der Kartotheksaal für die NSDAP-Mitgliederkartei und im Eingangsbereich eine Fahnen- und Standartenhalle einrichtet – Kulturraum der NS-Bewegung. Die Umbauten leitete Paul Ludwig Troost, der auch die weiteren Großprojekte des Parteizentrums am Königsplatz nach Hitlers Ernennung zum Reichskanzler betreute. Bereits im August 1933 wurde die Familie Pringsheim enteignet, die Schwiegereltern Thomas Manns. Ihr Palais musste weichen und wurde durch den neuen Verwaltungsbau der NSDAP ersetzt, der gleichzeitig mit dem monströsen Führerbau entstand. Zwischen beiden Gebäuden erhoben sich bald zwei Ehrentempel, in die am 9. November 1935 in einer pseudo-religiösen Großveranstaltung die Sarkophage der „Märtyrer der Bewegung" überführt wurden, also derjenigen Anhänger der NSDAP, die beim Hitlerputsch 1913 erschossen worden waren. Zahlreiche weitere Gebäude zwischen Odeonsplatz und Königsplatz fungierten bald als zentrale Parteigebäude und Hitler scheute sich nicht, sich als visionären Stadtplaner in der Nachfolge König Ludwigs I. zu feiern. Mehrfach bezog sich Hitler auf Aussagen König Ludwigs I. und wandelte die Zitate an den entscheidenden Stellen ab. So wurde aus Ludwigs I. „Hauptstadt der Kunst" Hitlers „Hauptstadt der Deutschen Kunst". Doch bleiben wir bei der Chronologie der Ereignisse.

Mit der allgemeinen wirtschaftlichen Talfahrt gingen auch die Bauaufträge in München drastisch zurück. Die Konkurse mehrten sich und in zahlreichen Branchen kam es zu Entlassungen, etwa im Maschinenbaubereich und im Holzgewerbe. Die Zahl der Arbeitslosen lag 1933 bei fast 90.000. Der Stadtrat war längst nicht mehr in der Lage, einen ausgeglichenen Haushalt vorzulegen. Ihm fehlten Steuereinnahmen in Millionenhöhe, um auch nur den drängendsten Aufgaben nachzukommen. Die Staatsaufsichtsbehörde beendete daraufhin die kommunale Selbstverwaltung und legte einen Zwangshaushalt vor.

Am 30. Januar 1933 ernannte Reichspräsident Paul von Hindenburg den NSDAP-Parteivorsitzenden Adolf Hitler zum Reichskanzler. Noch am selben Tag verkündete der Münchner Gauleiter Adolf Wagner auf dem Königsplatz, dass Hitler deutschlandweit nun „endlich mit seiner Arbeit beginnen könne." Hitler hatte den Sprung von der bayerischen Landespolitik in das einflussreichste Staatsamt in Berlin geschafft, doch Bayern lag noch nicht in der Hand der Nationalsozialisten.

Anfang Februar besuchte der Reichskanzler München und bekräftigte während einer Großkundgebung auf der Theresienwiese seinen Willen, die Regierung Bayerns abzulösen. Ministerpräsident Held und Bürgermeister Scharnagl bemühten sich vergeblich, die Machtübernahme zu verhindern: General Franz Xaver Ritter von Epp, der 1919 die Münchner Räterepublik blutig niedergeschlagen hatte, wurde Reichskommissar für Bayern, Heinrich Himmler übernahm den Oberbefehl über die bayerische Polizei und Karl Fiehler wurde Münchens Erster Bürgermeister. Am 9. März 1933 wurde den Münchnern der angeordnete und völlig undemokratische Regierungswechsel vom Balkon des Neuen Rathauses herab verkündet. Am Rathausturm wehte nun die Hakenkreuzfahne der neuen Machthaber, die sich zur Siegesfeier an die Feldherrnhalle am Odeonsplatz begaben. Dort legten sie einen Kranz für die „Märtyrer" des Putschversuchs von 1923 nieder mit der Aufschrift: „Und ihr habt doch gesiegt!"

In München, aber auch im gesamten Deutschen Reich begann die Zeit der systematischen Verfolgung von gesellschaftlichen Randgruppen, politischen Gegnern und Kritikern. Heinrich Himmler und sein Gehilfe Reinhard Heydrich verfielen in menschenverachtenden Aktionismus, unterstützt durch den späteren Gestapo-Chef Heinrich Müller. Das Münchner Polizeipräsidium entwickelte sich zu einem Ort von Schikanen jeder Art, von Verhören und Folterungen. Doch nicht nur die neuen Machthaber waren gefährlich: Bürger denunzierten unliebsame Mitmenschen und konnten sich dabei der Unterstützung durch die NSDAP sicher sein. Behelfsmäßig eingerichtete Internierungslager in und um München waren schon bald überbelegt.

Am 21. März 1933, bereits zwei Wochen nach der Machtübernahme in München, eröffnete Himmler das Konzentrationslager Dachau zirka 20 Kilometer nördlich der Stadt. Rund 5.000 Männer, vor allem Juden, Sozialdemokraten und Kommunisten, wurden als sogenannte „Schutzhäftlinge" in das Lager gebracht. Namhafte Münchner Unternehmen profitierten in den nächsten Jahren von den kostenlosen Arbeitskräften, die unter grauenhaften Bedingungen festgehalten, gefoltert und in medizinischen Versuchen gequält wurden. Von besonderer Bedeutung war das Dachauer Konzentrationslager, weil es zugleich als Ausbildungszentrum der SS-Wachmänner und Kommandanten anderer Lager diente. Theodor Eicke, früh von Heinrich Himmler als Lagerkommandant in Dachau eingesetzt, entwickelte hier das System des Terrors und der Konzentrationslager. So avancierte Eicke zum Inspekteur aller Konzentrationslager und wurde Kommandeur der SS-Division Totenkopf. In seinen Auseinandersetzungen mit Hans Frank, seit März 1933

Die KZ-Gedenkstätte in Dachau dokumentiert das Leid der Opfer des NS-Regimes.

bayerischer Justizminister, höchster NS-Jurist im Reich, Gründer des Nationalsozialistischen Juristenbundes und von Reichspräsident Hindenburg zum „Reichskommissar" zur Gleichschaltung der Justiz ernannt, ging es keineswegs um die humanitären Fragen im Konzentrationslager Dachau, sondern um die Grundsatzfrage exekutiver oder judikativer Zuständigkeit. In den zwölf Jahren seines Bestehens wurden im Konzentrationslager Dachau mindestens 206.000 Personen gefangen gehalten, mindestens 32.000 von ihnen wurden ermordet oder überlebten die Haftbedingungen nicht. Zahllose weitere starben beim Transport in andere Vernichtungslager oder wurden dort getötet.

Mit Hitlers Machtübernahme begann auch ein staatlich gesteuerter Kulturverfall. Hierzu zählt die nächtliche studentische Bücherverbrennung im Mai 1933, mit der der Beginn des ersten Sommersemesters an der Münchner Universität nach der nationalsozialistischen Machtübernahme „gefeiert" wurde. Als ein „Bild von unvergesslicher Schönheit" beschrieb der „Völkische Beobachter" das Spektakel auf dem Königsplatz, bei dem marxistische, jüdische und pazifistische „Zersetzungsschriften" von Studenten, der heranwachsenden „Bildungselite", verbrannt wurden. Viele der so geächteten Münchner Autoren waren nun gewarnt und gingen ins Exil, beispielsweise Klaus Mann, Ernst Toller, Lion Feuchtwanger und Karl Wolfskehl. Oskar Maria Graf zeigte sich entsetzt, dass ausgerechnet seine Schriften nicht verbrannt wurden. „Verbrennt mich!", forderte er provokant aus dem Exil.

Auch gegen die Werke zeitgenössischer bildender Künstler gingen die Nationalsozialisten vor. Als 1937 das Haus der Deutschen Kunst eröffnet wurde, fand parallel dazu die Propagandaausstellung „Entartete Kunst" statt. 600 Bilder überwiegend deutscher Expressionisten wurden, mit diffamierenden Kommentaren versehen, dem Publikum gezeigt. Die Ausstellungsmacher wollten die Assoziation wecken, diese Bilder seien von Geisteskranken oder Fanatikern geschaffen worden. „Wie die Verniggerung der Musik und des Theaters sollte die Verniggerung der bildenden Kunst den rassischen Instinkt des Volkes entwurzeln", lautete etwa die Beschriftung an einem Gemälde von Ernst Ludwig Kirchner. Erwartungsgemäß reagierten die Besucher tatsächlich amüsiert bis entsetzt auf die Bilder. Viele progressive Künstler erhielten nun Malverbote oder gingen ins Exil. Reichsweit wurde die klassische Moderne, die „Verfallskunst seit 1910", wie die Nationalsozialisten sie nannten, aus den Museen verbannt, ins Ausland verkauft und teilweise sogar zerstört. Hitler förderte stattdessen eine „Staatskunst", die in meist überdimensionalen und plakativen Darstellungen seine Propaganda unterstützte und mit pomphaften Festumzügen gefeiert wurde, wobei keine Geschichtsfälschung zu peinlich war.

Einige Kulturschaffende verstanden es jedoch, den Nationalsozialisten gefällig zu sein und sich mit den neuen Machthabern zu arrangieren, wie etwa der Münchner Komponist und Dirigent Richard Strauß, der von 1933 bis 1935 die Leitung der Reichsmusikkammer übernahm. 1934 wurde sein 70. Geburtstag im Münchner Nationaltheater mit NS-typischem Pomp begangen. Strauß nahm dabei ein Bild des Führers entgegen, das dieser mit einer Widmung an den „großen Komponisten in aufrichtiger Verehrung" versehen hatte.

Mit Ehrennamen, die an manche Städte im Reich vergeben wurden, versuchten die Nationalsozialisten über verlorene kommunale Selbstbestimmungsrechte hinwegzutäuschen. München erhielt die Titel „Hauptstadt der Bewegung" und „Hauptstadt der Deutschen Kunst" und begann sogleich, diese werbeträchtig einzusetzen. Ein regelrechter „Hitlertourismus" aus dem ganzen Reich setzte ein. Plätze und Gebäude in der Stadt, die mit dem Aufstieg der NSDAP in Verbindung standen, wurden mit Informationstafeln versehen, so zum Beispiel die Feldherrnhalle und Hitlers ehemalige Wohnungen. Der „griechische" Königsplatz wurde umbenannt in „Königlicher Platz" und als solcher zum Kultplatz der Partei. An Gedenk- und Feiertagen, wie etwa dem Tag des Hitlerputsches, fanden Aufmärsche mit Namen wie „Auferstehungsfeier" oder „2.000 Jahre deutsche Kultur" statt. Die Straßen verwandelten sich dabei in

Fahnen- und Fackelmeere. Der Mönch im Münchner Stadtwappen wurde um den Reichsadler und das Hakenkreuz ergänzt. Oskar von Miller, der angesichts des kulturellen und intellektuellen Verfalls die Leitung des Deutschen Museums niederlegte, verglich bereits den frühen Nationalsozialismus mit einer Suppe, „in der einiges herumschwimmt, was ich gerne mag. (…) Wenn man sie aber bis zum Grunde auslöffelt, so liegt eine tote Maus drin, und dann graust mir vor dieser Suppe."

Vor allem in Bayern trieb Hitler die Entwicklung der Infrastruktur voran, etwa mit dem Bau der Autobahn von München nach Salzburg. Den Einsatz von Maschinen ließ er dabei nur sehr eingeschränkt zu – eine kostspielige, aber taktisch dennoch geschickte Vorgehensweise: Da viele Arbeitskräfte benötigt wurden, sank zugleich die Arbeitslosigkeit. Der damit verbundene Anstieg der Staatsverschuldung wurde von Volk und Führer gleichermaßen ignoriert. Hjalmar Schacht, Reichsbankpräsident und Hitlers erster Finanzminister, wurde des „Teufels Finanzjongleur". Doch lange funktionierte diese gefährliche Wette auf die Zukunft nicht: Hitlers Bauprogramm war schlicht nicht finanzierbar. Hjalmar Schacht plante den Neubau der Reichsbank-Hauptstelle in München, wo seit 1937 an der Ludwigstraße die Bauarbeiten liefen. Weichen musste dafür das Herzog-Max-Palais, wo genau hundert Jahre zuvor Elisabeth, Kaiserin von Österreich und Königin von Ungarn, genannt Sisi, zur Welt gekommen war. Doch der einstmals klassizistische Straßenzug Leo von Klenzes erfuhr durch die nationalsozialistischen Pläne weitere massive Einschnitte: Beim Siegestor entstand das „Haus des Deutschen Rechts", Richtung Odeonsplatz das gewaltige Zentralministerium, in dem Gauleiter Adolf Wagner seine Amtszimmer bezog. In der Prinzregentenstraße folgten das Haus der Deutschen Kunst, heute Haus der Kunst, und das Luftgaukommando gegenüber der ehemals preußischen Gesandtschaft, in der nun Reichsstatthalter Ritter von Epp residierte.

1933 steigerte sich mit dem Aufruf zum Boykott jüdischer Geschäfte auch in München der antisemitische Terror. Der Münchner „Völkische Beobachter" trug am 30. März den Titel „Schlagt den Weltfeind". „Am Samstag, den 1. April, beginnt des deutschen Volkes Abwehrreaktion gegen den jüdischen Weltverbrecher", hieß es weiter. Einige Münchner Händler nutzten den Boykottaufruf und wiesen explizit darauf hin, dass ihre Läden „arisch" wären. Appelle der Münchner jüdischen Gemeinde an Rechtsstaatlichkeit und Anstand wurden nicht beachtet.

Mit Inkrafttreten der Nürnberger Rassegesetze im Jahr 1935 wurde die Lage der Juden existenzbedrohend und sogar lebensbedrohlich, als das Reichsbürgergesetz und schließlich das Gesetz zum Schutze des deutschen Blutes und der deutschen Ehre folgten. Die Juden wurden schrittweise aus der Gesellschaft gedrängt und verschwanden in Arbeits- und Konzentrationslagern. Im Juni 1938 teilte die Regierung der Israelitischen Kultusgemeinde mit, dass ihre Münchner Hauptsynagoge abgerissen werde. „Ein Schandfleck verschwindet", jubelte „Der Stürmer".

Die systematische Zerstörung jüdischen Besitzes und Kulturgutes begann mit den reichsweiten Judenpogromen vom 9. und 10. November 1938, die von München aus vorbereitet worden waren. An diesen Tagen fand sich die gesamte Reichselite der Nationalsozialisten im Alten Rathaus zusammen, um den 15. Jahrestag des Hitlerputsches zu begehen. Reichspropagandaleiter Joseph Goebbels rief dabei zur „Vergeltung am Weltjudentum" auf. Bei dem folgenden Pogrom zerstörten SA-Männer in Zivil die beiden noch verbliebenen Münchner Synagogen sowie 700 Geschäfte und Betriebe. 900 Münchner Juden wurden festgenommen und in das Konzentrationslager Dachau deportiert. Nur wenige Tage später ließ die Regierung eine „Arisierungsstelle" einrichten, die in erster Linie mit der Zwangsräumung jüdischer Wohnungen befasst war, der sogenannten Entmietung. 1939 begann die endgültige Vertreibung aller Juden aus München. Im Frühjahr 1941 wurde dazu die „Judensiedlung Milbertshofen" eingerichtet, ein Ghetto, das die Bewohner zuvor selbst hatten bauen und finanzieren müssen. Es diente als Durchgangslager vor der Deportation in die Vernichtungslager. Im

März 1943 lösten die Nationalsozialisten das Lager auf, München galt zu diesem Zeitpunkt als „judenfrei".

Es gab in der Stadt jedoch auch Versuche, den nationalsozialistischen Wahnsinn zu stoppen, allerdings mit wenig Erfolg. Im November 1939 scheiterte der Schreiner und Uhrmacher Georg Elser mit einem spektakulären Bombenattentat auf Hitler im „Bürgerbräukeller" und saß bis zu seiner Ermordung im April 1945 im Dachauer Lager ein. Ein anderer Unbeugsamer war der Jesuitenpater Rupert Mayer, der unablässig von der Kanzel der Michaelskirche herab den Nationalsozialismus kritisierte. Er wurde 1937 wegen „Kanzelmissbrauchs" verurteilt, kam ins Konzentrationslager Sachsenhausen und schließlich in Klosterhaft nach Ettal. Mayer starb nach Kriegsende an den Folgen seiner Gefangenschaft. Der mutige Pfarrer der Gemeinde St. Georg in München-Bogenhausen, Alfred Delp, wurde wegen seiner Vision einer gesellschaftlichen Neuordnung Deutschlands in einer Zeit nach Hitler im Februar 1945 in Berlin-Plötzensee ermordet. Im Februar 1943 wurden die Geschwister Hans und Sophie Scholl sowie weitere Mitglieder der Widerstandsgruppe „Die Weiße Rose" von der Gestapo verhaftet, nachdem sie Flugblätter gegen den NS-Staat verbreitet hatten. „Jeder Mensch hat einen Anspruch auf einen brauchbaren und gerechten Staat, der die Freiheit des Einzelnen als auch das Wohl der Gesamtheit sichert. Freiheit der Rechte, Freiheit des Bekenntnisses, Schutz des einzelnen Bürgers vor der Willkür verbrecherischer Gewaltstaaten!", lautete ihr Inhalt. Die fünf Kernmitglieder der „Weißen Rose" wurden in spektakulären Schauprozessen vom Chef des Volksgerichtshofs Roland Freisler wegen Hochverrats zum Tode verurteilt. Widerstand, in erster Linie durch Flugschriften, leisteten auch Mitglieder der SPD, KPD und BVP.

Während Verfolgung und Terror zunahmen, befand sich Deutschland längst auf dem Weg in den Krieg. Im März 1938 war Österreich dem Deutschen Reich „angeschlossen" worden, Hitler stand auf dem Höhepunkt seiner Macht und Popularität und plante nun die Zerschlagung der Tschechoslowakei. Um einen

Krieg abzuwenden, unterzeichneten am 30. September 1938 der britische Premierminister Neville Chamberlain, der italienische „Duce" Benito Mussolini und der französische Ministerpräsident Édouard Daladier im Führerbau das Münchner Abkommen, das die Angliederung der sudetendeutschen Gebiete an das Deutsche Reich vorsah. Dass die Münchner Chamberlain als Friedensbewahrer feierten, irritierte Hitler zwar, doch ließ er sich durch die offensichtliche Friedenssehnsucht im Volk nicht von seinen Kriegsplänen abbringen.

Am 1. September 1939 überfielen deutsche Truppen Polen und der Zweite Weltkrieg begann. Schon Tage vor Kriegsausbruch wurden Bezugsscheine für Lebensmittel und Kohle ausgegeben. Ab November unterlag auch der Verkauf von Textilien starken Beschränkungen, denn die Armee hatte einen hohen Bedarf an Stoffen und Kleidung. Um von den Kriegsschrecken abzulenken, stärkte die Regierung derweil die Unterhaltungsbranche. In den Münchner Bavaria Filmstudios entstanden zahlreiche unkritische Spielfilme und etliche Leinwandkarrieren begannen dort. Die auf Hochtouren laufende NS-Unterhaltungsindustrie konnte jedoch nicht über die zunehmende Not und Angst der Bevölkerung hinwegtäuschen.

Anfang Juni 1940 flog die Royal Airforce erste Bombenangriffe auf München. Die Zerstörungen an einigen Häusern am Englischen Garten lockten zunächst noch zahlreiche Schaulustige an, doch bald wurde dieser Anblick im ganzen Stadtgebiet zur Regel. Im Herbst desselben Jahres rief die Regierung zur Kinderlandverschickung in Bayerns Nordosten auf, denn sie konnte angesichts der Bombardements die Sicherheit der Kinder nicht mehr garantieren. Gleichzeitig stieg die Bevölkerungszahl in der Stadt rapide an, denn aus den bereits schwer kriegszerstörten Städten und Regionen Deutschlands wie dem Ruhrgebiet, Hamburg, Bremen, dem Saar- und dem Rheinland setzte ein Flüchtlingsstrom nach Bayern ein, das noch als relativ sicher und unversehrt galt. Doch ab 1943 häuften sich auch die Luftangriffe auf bayerische Städte: München, Nürnberg, Augsburg, Würzburg, Bayreuth und Schweinfurt waren die häufigsten Ziele.

Die Lebensmittelknappheit wurde immer spürbarer und ab 1944 wurde die Brotzuteilung nochmals deutlich eingeschränkt.

Am 27. April 1944 kam Hitler zum letzten Mal in das Not leidende München, um dort am Staatsbegräbnis für Gauleiter Adolf Wagner teilzunehmen. Der zu diesem Anlass gespielte Trauermarsch aus Richard Wagners „Götterdämmerung" läutete gleichsam das Ende der Stadt ein: Ab Juni 1944 flogen die Amerikaner und Briten Bombenangriffe in Folge, zerstörten dabei Schwabing und die Altstadt, Hauptbahnhof, Siegestor, Universität, Deutsches Museum, Propyläen, Theatinerkirche, Dom und Residenz, Nationalmuseum, Opernhäuser und Theater – die ganze Stadt fiel in Schutt und Asche. München verlor sein Gesicht.

Tod und Verwundung, zerstörte Häuser und eine noch mangelhaftere Versorgung – die Leiden der Münchner waren schlimmer als die Zerstörung der prachtvollen Bausubstanz. Auf die Durchhalteparolen in den wenigen noch erscheinenden Zeitungen hörte niemand mehr. Sieg oder Niederlage und vor allem Hitlers Pläne von einem Großdeutschen Reich waren unwichtig geworden, denn das eigene Überleben inmitten von Ruinen musste nun organisiert werden. In den letzten Kriegstagen, als amerikanische und französische Verbände versuchten in Richtung Südbayern vorzudringen, hatten die lokalen Machthaber der NSDAP in München nichts mehr zu verlieren. Im Falle der Kapitulation war ihr Leben zu Ende. So kämpften sie verbissen, hielten sich an der gespenstischen Illusion einer „Alpenfestung" fest und gaben Anweisung, München als verbrannte Erde zu hinterlassen. Auch Gauleiter Paul Giesler stand mit dem Rücken zur Wand und ordnete an, 6.000 Tonnen chemischer Kampfstoffe aus der Oberpfalz nach München zu holen. Es war ein Wettlauf mit der Zeit, als Luftwaffenoffizier Otto Petzhold das Unternehmen sabotieren und das Munitionsdepot direkt an die Amerikaner übergeben konnte. Auch die Besetzung von Rundfunksendern in Erding und München-Freimann durch Hauptmann Rupprecht Gerngross und einige Gefolgsleute zielte auf die Beendigung des Krieges ohne weitere Kampfhandlungen. Die „Freiheitsaktion Bayern" half den Amerikanern tatsächlich, sich schneller den Weg nach München zu bahnen, doch viele Aktivisten überlebten nicht. Nur wenige Stunden vor dem Einmarsch der Amerikaner wurden Mitglieder der „Freiheitsaktion Bayern" im Hof des Zentralministeriums erschossen. Ihnen zu Ehren wurde der Schwabinger Feilitzschplatz 1947 in „Platz der Münchner Freiheit" umbenannt.

Am Morgen des 29. April 1945 erreichten erste amerikanische Soldaten das Dachauer Konzentrationslager. Noch vor den Toren entdeckten sie einen abgestellten Güterzug mit über 2.000 Leichen, der Tage zuvor aus dem Konzentrationslager Buchenwald eingetroffen war. Im Lager fanden sie noch 32.000 lebende Gefangene vor, die bereits die Minuten bis zu ihrer Befreiung gezählt hatten.

Am 30. April marschierten die Amerikaner in München ein. Auf Widerstand stießen sie in der einstigen Hochburg der Nationalsozialisten nicht mehr. Die Münchner waren schon damit beschäftigt, die Zeichen der NS-Herrschaft zu entfernen. Am gleichen Tag, als seine „Hauptstadt der Bewegung" besetzt wurde, nahm sich Hitler im Bunker der Berliner Reichskanzlei das Leben. Mit ihm starb auch seine Geliebte Eva Braun. Am 4. Mai 1945 kapitulierte die Heeresgruppe „G" in Haar bei München, was einer Teilkapitulation Bayerns und Süddeutschlands gleichkam. Eine Woche später folgte die Gesamtkapitulation des Reiches unter Großadmiral Karl Dönitz.

Bayerns Großstädte, seine Industrie- und Verkehrseinrichtungen glichen Ruinen. Allein 7.000 Münchner waren bei Luftangriffen ums Leben gekommen und 16.000 waren verletzt worden. 20.000 Gefallene hatte die Stadt zu beklagen und über 200.000 Münchner hatten in andere Reichsteile evakuiert werden müssen. 50 Prozent der städtischen Bausubstanz waren zerstört, in der Innenstadt waren es sogar 75 Prozent, und zwölf Millionen Tonnen Schutt bedeckten die Straßen. Das einst prächtige „Isar-Athen" war Trümmerstadt geworden.

ZURÜCK INS LICHT

München seit dem Wiederaufbau

Die amerikanischen Besatzer demokratisieren die Stadt und leiten zur Selbstverwaltung an. Trotz Mangelversorgung und Wohnungsnot verschwinden die Narben des Krieges schnell und planvoll. Die XX. Olympischen Sommerspiele in München werden von einem grauenhaften Attentat überschattet. Unter einer zumeist SPD-geführten Kommunal- und einer zugleich CSU-dominierten Landespolitik wird die Stadt zum führenden Wirtschaftsstandort Süddeutschlands.

„Der gigantische Folterkeller, zu dem der Hitlerismus Deutschland gemacht hat, ist aufgebrochen und offen liegt unsere Schmach vor den Augen der Welt", kommentierte Thomas Mann in seinem amerikanischen Exil die Umbrüche in der Heimat. Die amerikanische Militärregierung übernahm die Verwaltung Münchens, Hitlers ehemaliger Führerbau wurde umfunktioniert zum ersten „Amerika Haus – US Information Center", die Ehrentempel am Königsplatz wurden bald gesprengt. Zunächst war es den amerikanischen Soldaten verboten, Umgang mit den Deutschen zu pflegen. „Deutschland wird nicht mit dem Zweck der Befreiung besetzt werden, sondern als besiegte feindliche Nation", lautete ihre Handlungsanweisung. In Kolonnen verließen festgenommene deutsche Soldaten München und kamen in amerikanische Kriegsgefangenschaft.

Zigtausende Münchner hausten in Baracken und Ruinen. Die sechs Flüchtlingslager der Stadt waren völlig überfüllt und sollten es noch jahrelang bleiben. Für die Bevölkerung galten zunächst strenge Bestimmungen, die täglich über den Rundfunk verkündet wurden. Dazu zählte das nächtliche Ausgangsverbot. Trotz Patrouillen kam es wiederholt zu Plünderungen der letzten noch vorhandenen

Lebensmittellager der Bierkeller und Kolonialwarenhändler. An frequentierten Plätzen befanden sich Anschlagbretter mit Tausch- und Verkaufsangeboten jeder Art. Der akute Mangel ließ aber auch den Schwarzhandel aufblühen, wie am Englischen Garten oder in Bogenhausen. Zum Teil wurde dieser von der Militärregierung geduldet, wie etwa am Pasinger Bahnhof oder an der Cornelius- brücke. Regelrechte „Spezialmärkte" entstanden. Wer zum Beispiel Schuhe benötigte, begab sich zum Schwarzmarkt an der Brücke des Deutschen Museums. Die Preise waren allerdings horrend: Ein Pfund Zucker oder Butter kostete 120 Mark, eine Tafel Schokolade 100 Mark.

Im Juni 1945 fand nach jahrelangen Unterbrechungen wieder eine Fronleichnamsprozession statt. Über 30.000 Gläubige folgten Kardinal Michael von Faulhaber, der das Allerheiligste durch die gespenstische Ruinenkulisse trug. Glocken zum Läuten existierten nach den Bombentreffern und den Bränden keine mehr, doch gab dieses Spektakel den Münchnern neuen Mut. Der Kardinal war allerdings eine sehr umstrittene Person, an der sich bis heute die Geister scheiden. Waren seine Treffen mit Hitler auf dem Ober- salzberg dienstlicher Natur gewesen und sollten sie der Sache der Kirche dienen oder handelte es sich um Huldigungsbesuche? Doch Kardinal Faulhaber war weder Widerständler noch Kollaborateur – er war überzeugter Monarchist, tief geprägt von seiner Jugend in der Wilhelminischen Zeit. Seit 1917 war er Erzbischof von München und Freising, als er 1921 zum Kardinal berufen wurde. Er war stets für den Erhalt der bayerischen Monarchie eingetreten, hatte die kom- munistische Revolution verurteilt und demokratische Strömungen strikt abgelehnt. 1922 wurde er vom damaligen Kölner Oberbür- germeister Konrad Adenauer beim Deutschen Katholikentag in München für seine ablehnende Haltung gegenüber der Weimarer Verfassung scharf kritisiert. Faulhaber war in seinem Leben also vielfach „politisch auffällig" geworden. Dass die US-Militärs ausge- rechnet ihn um die Erstellung einer Namensliste politisch Unbelas- teter baten, anhand der sie politische Ämter neu besetzten, erstaunt sehr und entbehrt nicht einer gewissen Ironie. Dennoch war sich der Kardinal seiner Verantwortung bewusst, denn es finden sich die Namen ausgesprochen respektabler und verdienter Persönlichkeiten auf seiner Liste, darunter die ehemaligen Kommunalpolitiker Karl Scharnagl und Thomas Wimmer, die noch bei Kriegsende im Konzentrationslager Dachau inhaftiert waren und die jetzt wieder politische Verantwortung übernahmen. Eine Stunde Null – einen völligen personellen Neuanfang – gab es nicht, denn alle Biografien wurzelten selbstverständlich in den Zeiten der Weimarer Republik und des Nationalsozialismus. Ein Beispiel für nationalsozialistisch belastete Kontinuitäten ist die Karriere Karl Meitingers. Seit 1938 bekleidete Meitinger das Amt des Stadtbaurats und konnte diese Position auch nach dem Krieg weitere zwei Jahre ausüben mit den Zuständigkeiten Hochbau, Tiefbau und Stadtentwicklung. So stellte Meitinger, der bereits für die Nationalsozialisten an Hitlers Umbauplänen mitgewirkt hatte, die Weichen für die innerstädtische Nachkriegsentwicklung.

Eine Woche nach Beginn der amerikanischen Besatzung bestimmte Münchens Stadtkommandant Major Eugen Keller Karl Scharnagl, der dieses Amt bereits bis 1933 ausgeübt hatte, zum Oberbürgermeister. Noch im selben Monat konnte der erste Nachkriegsstadtrat in das Neue Rathaus am Marienplatz einberufen werden. Das Gebäude war weitgehend unzerstört geblieben und sollte für die kommenden Jahre die Notstandsverwaltung beherbergen. Rund 300.000 Obdachlose hofften auf Versorgung, 120.000 Wohnungen fehlten. Die hygienischen Bedingungen in der Trümmerstadt waren fast wieder mittelalterlich, sodass die durch Mangelernährung geschwächte Bevölkerung von Typhus- und Ruhrepidemien bedroht war. Die Lebensmittelversorgung erfolgte mittels Rationierung und Marken.

Ende Mai 1945 wurde Fritz Schäffer, der ehemalige Vorsitzende der BVP, zum vorläufigen bayerischen Ministerpräsidenten ernannt. Im September gründete die US-Militärregierung in ihrer süddeutschen Besatzungszone die „Staaten" Großhessen, Württemberg-

Baden und Bayern, das seine alten Grenzen weitgehend beibehielt. Lediglich die bayerische Pfalz ging 1946 auf Initiative der französischen Militärregierung in Rheinland-Pfalz auf. München wurde erneut Landeshauptstadt und das „Regional Department" nahm mit 2.500 amerikanischen Offizieren und Soldaten seine Arbeit auf. Die Militärregierung versuchte, die Bevölkerung nach Jahren einseitiger Propaganda wieder zu freiem Denken anzuregen. Dazu förderte sie eine vielfältige, freie und vor allem kritische Presse und vergab in den ersten beiden Nachkriegsjahren 22 Zeitungslizenzen in Bayern. Trotz der schweren Zeiten gab es bei den Münchnern ein großes Interesse an den neuen Zeitungen, die sie über das Tagesgeschehen und die unrühmliche deutsche Vergangenheit informierten. Am bekanntesten und auflagenstärksten wurde die „Süddeutsche Zeitung", für deren erste Druckplatten Anfang Oktober 1945 symbolträchtig der Bleisatz von Hitlers „Mein Kampf" eingeschmolzen wurde. Sie war auch die erste Münchner Zeitung der Nachkriegszeit, die von Deutschen geleitet wurde.

„Neue Regierung Bayerns unter Dr. Hoegner" war die Titelüberschrift der ersten Ausgabe der „Süddeutschen Zeitung". Der frühere sozialdemokratische Reichstagsabgeordnete Wilhelm Hoegner hatte auf Wunsch der Militärregierung Ministerpräsident Schäffler im Amt abgelöst. Er kündigte „ein Kabinett der entschlossenen Abkehr vom Nationalsozialismus" aus unbelasteten Politikern der SPD, der Christlich Sozialen Union (CSU) und der Kommunistischen Partei (KP) an. Neben der Opferhilfe sollte die Säuberung der Amtsstuben von ehemaligen Nationalsozialisten ein Hauptziel der neuen Regierung werden. Außerdem beauftragte ihn die Militärregierung mit der Erarbeitung einer neuen bayerischen Verfassung. Gemeinsam mit dem Staatsrechtsprofessor Hans Nawiasky erarbeitete Hoegner einen Entwurf, dem im Oktober 1946 zunächst die verfassungsgebende Versammlung in der Großen Aula der Münchner Universität und im Dezember die bayerische Bevölkerung zustimmte. Am 8. Dezember 1946 trat die Verfassung in Kraft. Am selben Tag fanden Landtagswahlen statt. Die erst nach Kriegsende gegründete CSU erreichte auf Anhieb mit 52,3 Prozent die absolute Mehrheit. Hans Erhard wurde bayerischer Ministerpräsident. Seine erste Regierungserklärung im Landtag trug den Titel „Frieden – Ordnung – Aufbau", war also den beherrschenden Themen jener Tage gewidmet.

In München begann sich das Leben zu normalisieren, doch die Anforderungen an die Bevölkerung und die Verwaltung waren immens. Die Universität nahm ihren Betrieb wieder auf, wenngleich stark eingeschränkt. Die 4.000 Studenten hatten wöchentlich mindestens acht Stunden Aufräumarbeiten auf dem Hochschulgelände zu leisten. Auch der junge Joseph Ratzinger begann in diesen Tagen sein Studium der Philosophie und Theologie in München. Damals konnte niemand ahnen, dass er beim Besuch seiner bayerischen Heimat im Sommer 2006 die Münchner Universität als Papst Benedikt XVI. besuchen würde. Benedikts XVI. Verbundenheit mit München hängt zudem mit dem Beginn seiner Priestertätigkeit in St. Georg Bogenhausen und mit seinem Dienst als Erzbischof von München und Freising von 1977 bis 1981 zusammen.

Der von Kurt Tucholsky, Bertolt Brecht, Hermann Hesse, Thomas Mann und vielen anderen bewunderte Karl Valentin, ein begnadeter Schauspieler und ein ausgesprochenes Münchner Original, trat wieder auf. Valentin hatte sich nie mit dem Nationalsozialismus arrangiert und war 1941 mit einem Filmverbot belegt worden. Seine pessimistischen Lebensweisheiten, seine Überzeugung vom ewigen Scheitern des Menschen, über das man gleichwohl lachen muss, war für die nationalsozialistische Ideologie brandgefährlich gewesen. Daraufhin hatte Valentin auch alle Bühnenauftritte eingestellt. „Ich habe meine lieben Münchner kennengelernt. Alle anderen mit Ausnahme der Eskimos und der Indianer haben mehr Interesse an mir gehabt als meine Landsleute", äußerte er verbittert. Bis zu seinem Tod 1948 zeigte er sich nun wieder auf den Münchner Bühnen, doch Valentins einst so bewunderter Humor wurde von den Münchnern nicht mehr verstanden, sein Sarkasmus war nicht mehr gefragt. „Aufhören mit dem Schmarren – schickts den Deppen hoam", schallte es ihm nun entgegen. Es dauerte bis Ende der

Dieser Brunnen am Viktualienmarkt erinnert an den Humoristen Karl Valentin.

1960er-Jahre, dass die Münchner Valentins groteske Kunst wieder schätzen lernten.

Trotzdem war der kulturelle Nachholbedarf bei der Bevölkerung sehr groß. Die städtischen Kammerspiele nahmen den Spielbetrieb wieder auf und inszenierten lange nicht gezeigte Stücke französischer, amerikanischer und englischer Dramatiker. In Kirchen und an verschiedenen Plätzen der Stadt fanden wieder Konzerte statt. 1949 eröffnete auf der Münchner Theresienwiese das erste ganz bescheidene Oktoberfest nach Kriegsende. Bei rationiertem Strom und vor den Ruinen der Ruhmeshalle gab es erstmals wieder Bratwurst. Die schlimmste Resignation war überwunden.

Im Juni 1947 hatte Ministerpräsident Erhard die Amtskollegen der anderen drei Besatzungszonen zu Beratungen über eine wirtschaftliche Zusammenarbeit in München zu Gast. Das Treffen sollte die Lage der Kriegsgefangenen, der Flüchtlinge und der Bevölkerung verbessern. Die Meinungsverschiedenheiten zwischen den Vertretern der drei Westzonen und denen der Ostzone waren jedoch so gravierend, dass die Ostdelegation die Konferenz vorzeitig verließ. Das Scheitern der Verhandlungen war ein Grund dafür, dass die 750.000 Münchner im darauffolgenden Winter weiterhin ihre Lebensmittel nur mit Bezugsscheinen erhielten. Die Menschen froren zudem, da es noch immer an Heizmaterial mangelte und kaum ein Gebäude Fensterscheiben hatte.

Die Außenministerkonferenzen der alliierten Siegermächte hatten bis 1947 klargemacht, dass Deutschland in zwei Hälften zerfallen würde. Die Politiker in den Westzonen wollten daher gemeinsam Deutschlands staatliche Zukunft gestalten. Wieder war es der bayerische Ministerpräsident, der seine Kollegen zu einem Verfassungskonvent auf die Insel Herrenchiemsee bat. Im August 1948 wurden dort in Abgeschiedenheit die Grundstrukturen einer künftigen deutschen Verfassung erarbeitet. Die Mitglieder der bayerischen Regierung vertraten dabei eine strikt föderalistische Haltung, denn der Verlust der Eigenstaatlichkeit in NS-Zeiten war ihnen noch in unguter Erinnerung. Von einer bundesstaatlichen Gliederung Deutschlands erhoffte sich Erhard eine Garantie gegen erneuten Zentralismus. Bayerns Vorschlag eines Bundesrates mit weitreichendem Einfluss auf die Bundesregierung fand jedoch keine Mehrheit und spaltete insbesondere das konservative Lager. Konrad Adenauer (CDU), der Vorsitzende des Parlamentarischen Rates, bezeichnete die bayerischen Vorstellungen sogar als eine „ganz unmögliche Konstruktion". 1949 reiste er zweimal nach München, um den Streit mit der CSU zu beenden, doch stattdessen verhärteten sich die Fronten. „Nein zum Grundgesetz, ja zu Deutschland", lautete Erhards Formel, und dieser Haltung folgte auch der bayerische Landtag bei der entscheidenden Abstimmung im Mai 1949. „Die Schlacht wäre für den Föderalismus verloren gewesen, wenn wir nicht gewesen wären", rechtfertigte der Ministerpräsident seine Position. „Da uns aber das Erreichte nicht genügte, sagten wir am Schluss nein zum Ganzen!" Das große Gesetzeswerk konnte ohne Bayerns Zustimmung jedoch nicht in Kraft treten. Von ihrer eigenen

Courage überrascht, revidierten die Abgeordneten daraufhin ihre Entscheidung und erkannten in einer zweiten Abstimmung immerhin die Rechtsverbindlichkeit des Grundgesetzes an. Bayern war nun Teil der Bundesrepublik Deutschland geworden. Der bayerische Landtag zog wenig später in das Maximilianeum am rechten Isarufer ein und fand dort nach etlichen provisorischen Unterkünften seine dauerhafte Bleibe.

Die NS-Vergangenheit vieler Bürger sollte die Behörden noch Jahre beschäftigen. Seit 1945 gab es in München ein Staatsministerium für politische Befreiung, dessen 12.000 Mitarbeiter die amerikanischen Entnazifizierungspläne umzusetzen hatten. Ihre Arbeit stützte sich auf Fragebögen, die sie von jedem der etwa sieben Millionen Bürger ausfüllen ließen. Um sicherzustellen, dass auch tatsächlich jeder einen Bogen abgab, wurde die Ausgabe von Lebensmittelmarken daran geknüpft. Die Befragten wurden in Hauptschuldige, Belastete, Minderbelastete, Mitläufer oder Unbelastete eingestuft. Einige Behörden der Münchner Stadtverwaltung, so ergaben die Auswertungen, waren bis zu 90 Prozent mit einstigen NSDAP-Mitgliedern besetzt. Tausende Beamte wurden wegen ihrer Nazivergangenheit aus ihren Ämtern entlassen.

Bis alle Spuren des „Dritten Reiches" getilgt waren, verging viel Zeit. Erste Gedenksteine für die Opfer des Terrors wurden aufgestellt und an der Brienner Straße wurde der Platz der Opfer des Nationalsozialismus und vor der Universität der Geschwister-Scholl-Platz als Namen der Erinnerung gewählt. Ehemalige NS-Bauten, die nicht zerstört worden waren, wurden weiterhin genutzt. 1945 zog beispielsweise der US-Offiziersclub in das ehemalige Haus der Deutschen Kunst ein. Monumente nationalsozialistischer Propaganda, wie etwa die Ehrentempel für die Gefallenen des Hitlerputsches am Königsplatz, wurden dagegen gesprengt.

Auch jüdisches Leben, das den Holocaust in München überstanden hatte oder dahin zurückkehrte, sollte wieder eine Basis erhalten. 1946 wurde die jüdische Kultusgemeinde neu gegründet und 1947 die Synagoge in der Reichenbachstraße eingeweiht. Weltweite Beachtung fand der jüdische Kongress, der im Januar 1946 im München Rathaus veranstaltet wurde. Nach zwölf Jahren Unterbrechung fand damit wieder eine jüdische Veranstaltung auf deutschem Boden statt. David Ben Gurion, der spätere erste israelische Ministerpräsident, vertrat dabei vehement den Anspruch des jüdischen Volkes auf Palästina und einen eigenen Staat. Heute ist die Israelitische Kultusgemeinde München und Oberbayern die zweitgrößte jüdische Gemeinde Deutschlands und 9.000 Mitglieder stark. Am 9. November 2006, 68 Jahre nach der Zerstörung der Münchner Hauptsynagoge während der Reichspogromnacht, wurde in einer bewegenden Zeremonie ihre auch architektonisch aufsehenerregende neue Synagoge Ohel Jakob eröffnet. Charlotte Knobloch, seit 1985 Präsidentin der Israelitischen Kultusgemeinde Münchens, begleitet bis heute äußerst aufmerksam und kritisch die Entwicklung jüdischen Lebens und jüdischer Kultur in ihrer Heimatstadt, in der sie als Kind Terror und Verfolgung erlebte – und zieht in ihrer Autobiografie trotz weiter bestehender Probleme eine hoffnungsvolle Bilanz.

Die Diskussion um Münchens Wiederaufbau erwies sich nach Ende des Zweiten Weltkrieges jedoch als schwierig, denn die fast komplett zerstörte Altstadt ließ jede nur erdenkliche Form eines Neubeginns zu. Verfechter der Moderne und Verkehrsplaner meldeten sich mit ihren Vorstellungen zu Wort. Besonderes Gehör fanden aber die Argumente derer, die die Wohnungsnot rasch beheben wollten. Gleichzeitig hatten auch die Nostalgiker und Denkmalpfleger, die für Rekonstruktion eintraten, eine starke Lobby. 1946 legte Stadtbaurat Karl Meitinger mit seiner Denkschrift „Das neue München" einen Handlungsrahmen für den Wiederaufbau vor, der allen Interessen gerecht werden sollte: Moderne Architektur in Mehrgeschossbauweise in den Randgebieten der Stadt und eine eher traditionelle Architektur in der Innenstadt waren die Hauptvorgaben. Der Marienplatz als geschichtliches Zentrum der Stadt wurde ebenfalls neu konzipiert. Für ihn gab es weder eine durchgängig moderne Lösung noch eine historische Rekonstruktion. Im Ergebnis entstand ein historisierender Kompromiss mit veränderten Proportionen, mit dem bis heute nicht jedermann zufrieden ist. Jedenfalls konnte 1948 mit der Umsetzung der Konzepte die Phase des Wiederaufbaus begonnen werden. Der Leiter des Wiederaufbauamtes setzte dafür einen Zeitraum von 25 Jahren an.

Die Gemeindewahl im Mai 1948 führte zu einem Wechsel im Stadtrat. Thomas Wimmer (SPD) trat Scharnagls Nachfolge an. Wenige Wochen später erfolgte die Währungsreform, sodass Münchens Wiederaufbau mit einem ordentlichen städtischen Haushalt erfolgen konnte. Der enorme Wohnungsmangel war das drängendste Problem. 50.000 Münchner warteten in anderen Teilen Deutschlands auf ihre Rückkehr und weitere 25.000 befanden sich noch in Kriegsgefangenschaft und würden eines Tages heimkehren. Außerdem stieg Münchens Einwohnerzahl jährlich um nahezu 30.000 Flüchtlinge aus den Ostgebieten an. Es galt nun schnell und dennoch vorausschauend zu handeln.

Wimmer, dem Schreiner aus Erding, der in der Münchner SPD und den Gewerkschaften politisch verwurzelt war und die Verhaftungen der Nationalsozialisten überlebt hatte, gelang es, das Engagement der Bevölkerung für den Wiederaufbau mit populären Maßnahmen zu steigern. Berühmt wurde seine „Ramadama"-Aktion („Wir-räumen-auf"-Aktion), die vom Bayerischen Rundfunk und der Presse gefördert wurde. Täglich half er zusammen mit vielen Tausend Freiwilligen beim Schutträumen, um die Behörden und die Arbeiter zu unterstützen. Auf Loren und Zügen wurden pro Tag über 8.300 Kubikmeter Schutt zum Oberwiesenfeld im Norden Münchens transportiert und dort aufgehäuft. Erst nach acht Jahren war die Trümmerbeseitigung im Stadtgebiet abgeschlossen.

Mit Spendenaktionen und Wohltätigkeitsveranstaltungen leisteten die Münchner ihren Beitrag zum Aufbau der Stadt, etwa durch Konzerte im Grottenhof der Residenz und durch Weihnachtsmärkte. Es wurden Fördervereine gegründet, die sich des

Wiederaufbaus bestimmter Bauten annahmen, wie etwa der Verein der Freunde der Residenz. Ein ähnliches Engagement gab es für das Nationaltheater, dessen Fertigstellung 1963 gefeiert werden konnte. Die Kosten von über 62 Millionen Mark teilten sich der bayerische Staat, die Landeshauptstadt und der Förderverein. Im Oktober 1950 wurde der Wiederaufbauverein „Alter Peter" gegründet, der vom Bayerischen Rundfunk starke Unterstützung erhielt. Bereits nach einem Jahr konnte die neue Turmspitze der ältesten Kirche Münchens geweiht werden. Seither prägt sie wieder die Stadtsilhouette.

Ende der 1940er-Jahre konnten Straßenbahnen und Omnibusse ihren Betrieb wieder aufnehmen und die Zahl der Schulgebäude hatte fast den Vorkriegsstand erreicht. Trotz vieler kleiner oder symbolträchtiger Fortschritte setzte wirkliche Aufbruchstimmung bei den Münchnern erst mit dem Industrialisierungsschub ein, der Anfang der 1950er-Jahre ganz Bayern erfasste. Das westdeutsche Wirtschaftswunder löste eine Bautätigkeit aus, die endlich den fortschreitenden Verfall der Ruinen aufhielt. Die Wohnverhältnisse besserten sich zusehends und ein gewisser Wohlstand kehrte ein. 1951 eröffnete am Karlsplatz der Kaufhof des Münchner Architekten Theo Pabst, ein gewaltiger moderner Konsumtempel, der zum Prototyp der Kaufhäuser der Wirtschaftswunderzeit wurde.

Als die Stadt 1958 ihr 800. Gründungsjubiläum feierte, war die einstige turmreiche Silhouette bereits wieder erkennbar. Die Alte Pinakothek wurde zu diesem Anlass wiedereröffnet, die neu eingedachte Residenz als Vorzeigeobjekt des Wiederaufbaus den Jubiläumsgästen stolz präsentiert. Das Cuvilliés-Theater nahm mit Mozarts „Figaros Hochzeit" den Spielbetrieb wieder auf und erstmals konnte auch wieder eine große Ausstellung gezeigt werden, die „Das Jahrhundert des Rokoko" zum Thema hatte. Diese eindrucksvollen Belege für Münchens Wiederaufbau und Vitalität regten Besucher und Investoren zu weiteren Spenden an. Gelder für den Aufbau der Residenz flossen nun auch aus den Kassen der jungen Europäischen Wirtschaftsgemeinschaft.

Der Aufbau der historischen Altstadt und die Rückführung der im Krieg ausgelagerten und daher kaum versehrten Kunstsammlungen veranlassten die Stadträte, an das einstige Image einer Kunststadt von internationalem Rang anzuknüpfen. Als Mischung aus Kulturmetropole und idyllischer Kleinstadt warb München nun um Gäste. Tatsächlich begann die Tourismusbranche wieder aufzublühen und nur wenige Jahre nach Kriegende kamen bereits Besucher aus aller Welt in die bayerische Landeshauptstadt.

Die Baumaßnahmen beschränkten sich jedoch nicht allein auf die Wiederherstellung historischer Bauten und die Errichtung von Siedlungen. „Wir wollen nicht die Städte unserer Großväter, sondern die unserer Kinder bauen", lautete das Motto vieler junger Architekten. Dafür wurden im Übereifer oftmals sogar unzerstörte Gebäude abgerissen und durch moderne Betonburgen ersetzt, etwa an der Theresienhöhe und sogar im Herzen der Stadt, am Marienplatz. Zahlreiche Planer und Gestalter träumten zudem von einer autogerechten Stadt. Ihren Wünschen entsprechend wurde um die Innenstadt herum eine breite Hauptverkehrsstraße angelegt, der Altstadtring.

1960 wurde der erst 34 Jahre alte Hans-Jochen Vogel (SPD) zum Münchner Oberbürgermeister gewählt. Während seiner zwölfjährigen Amtszeit entwickelte die Stadt, die nun aus dem Gröbsten heraus war und deren Kriegsnarben zunehmend verheilten, eine starke Dynamik. 83.000 Wohnungen entstanden in dieser Zeit, vornehmlich in Form großer Siedlungen in Fertigbauweise. München wuchs weit über seine Grenzen hinaus und erweiterte sein Verkehrsnetz. Die politischen Umstände der Nachkriegszeit, insbesondere die Isolation Berlins und seine Teilung in vier Sektoren, führten zur Herausbildung neuer Industriezentren von überregionaler Bedeutung. Wichtige und große Firmen bemühten sich um die Verlagerung ihrer Unternehmenssitze in die amerikanische Zone, und aufgrund seiner Infrastruktur war München als Standort prädestiniert. Damit verbunden war ein rasanter Bevölkerungsanstieg, und im Dezember 1957 überstieg Münchens Einwohnerzahl die Millionengrenze – eine Zahl, deren positive Wirkung enorm war, versprach sie doch eine weitere dynamische Entwicklung. Die „Heimliche Hauptstadt Deutschlands", so ein Beitrag des Magazins „Spiegel", gewann zusehends an Attraktivität.

Und bald sollte München die Völker der Welt zu Gast haben. 1965 hatte sich die Stadt beim Internationalen Olympischen Komitee für die Austragung der Sommerspiele 1972 beworben und den Zuschlag erhalten. Nach den Berliner Propagandaspielen von 1936 hatte niemand ernsthaft damit gerechnet, dass Deutschland bereits 27 Jahre nach Ende der Hitlerherrschaft Gastgeber eines sportlichen Weltereignisses werden würde. Dass dies gelang, wird bis heute als eine der bedeutendsten Leistungen von Oberbürgermeister Vogel gewertet. München ging mit viel Elan daran, seinen einstigen Ruf als „Hauptstadt der Bewegung" abzulegen. Die Stadt wollte mit heiteren Spielen in spektakulären Sportstätten von sich reden machen und zu einem neuen Deutschlandbild beitragen.

Große Verkehrsprojekte, wie der Mittlere Ring, U-Bahn und S-Bahn, wurden binnen kürzester Zeit realisiert. Die Kosten übernahmen zu je einem Drittel der Bund, der Freistaat Bayern und die Stadt. Auf dem nördlich von München gelegenen Oberwiesenfeld, wo sich bis dahin der Kriegsschutt gehäuft hatte, entstanden die Sportanlagen, das Olympische Dorf, das Pressezentrum und ein Besucherpark. Glanzstück der Gesamtanlage und Münchens bis heute bedeutendster Beitrag zur Gegenwartsarchitektur wurde das Olympiastadion. Der Architekt Günther Behnisch und seine Partner schufen eine schwungvolle und transparente Architektur, die das Motto „Heiterkeit" förmlich ausstrahlt. Die spektakuläre Zeltdachkonstruktion aus 75.000 Quadratmetern Acrylglas, die an 48 Pylonen aufgehängt ist, und der benachbarte Fernsehturm prägen seitdem die Münchner Silhouette und sind ein Wahrzeichen der Stadt geworden.

Am 26. August 1972 eröffneten Oberbürgermeister Georg Kronawitter (SPD) und Bundespräsident Gustav Heinemann die XX. Olympischen Spiele der Neuzeit. Mit einer gelungenen Eröffnungsfeier präsentierten sich München und Deutschland von ihrer besten Seite. Rund 8.000 Athleten aus 122 Nationen nahmen an den Wettkämpfen teil.

Die fröhliche Stimmung endete abrupt, als am 5. September palästinensische Terroristen in das israelische Mannschaftsquartier im Olympischen Dorf eindrangen und elf Sportler als Geiseln nahmen. Die Gefahrenlage während der Spiele war im Vorfeld unterschätzt oder bewusst ignoriert worden. Bei dem Überfall und der anschließenden missglückten Befreiungsaktion auf dem Militärflughafen Fürstenfeldbruck starben insgesamt elf Israelis, fünf Terroristen und ein Polizist. Die genauen Hintergründe des Anschlags sind bis heute nicht geklärt. Sportler, Funktionäre, Politiker und Bevölkerung waren gleichermaßen entsetzt und wie gelähmt, das Motto der Spiele war zunichte gemacht. „The games must go on", entschied das Internationale Olympische Komitee, da man sich dem Terror nicht beugen wollte. Die Fahnen aller Nationen wehten während der restlichen Wettkampftage auf halbmast. Der Anschlag auf die Olympischen Spiele und weitere Attacken auf jüdische Einrichtungen in München machten die Illusion zunichte, dass die braune Vergangenheit vollends überwunden wäre. Letztes schockierendes Beispiel war ein geplantes Attentat während der Grundsteinlegung des neuen jüdischen Zentrums in Anwesenheit zahlreicher Ehrengäste am 9. November 2003. Die neonazistische Kameradschaft Süd wollte einen Sprengstoffanschlag während des Festakts verüben, der jedoch rechtzeitig vereitelt werden konnte.

Dennoch: Für das Image der Stadt waren die Spiele gleichwohl ein unglaublicher Erfolg. Die „Weltstadt mit Herz" eroberte sich einen Spitzenplatz im deutschen Tourismus. Die Olympischen Spiele waren gleichsam der Höhepunkt einer fast 30-jährigen Erfolgsgeschichte der Nachkriegszeit. Und schon 1974 blickte die Welt erneut gebannt auf München und sein Olympiastadion, wo das Endspiel der 10. Fußballweltmeisterschaft vor 80.000 Zuschauern stattfand. Deutschland gewann den Weltmeistertitel gegen die Niederlande im eigenen Land. Bis 2005 wurde das Olympia-

*Die beeindruckende Architektur auf dem Olympiagelände lockt die
Besucher bis heute an.*

stadion noch von den beiden Münchner Profivereinen bespielt, dem 1. FC Bayern München und dem TSV 1860 München. Die „Roten" holten dort einen Titel nach dem anderen und wurden zwischen 1932 und 2006 insgesamt 20-mal deutscher Meister. Der Club der „Löwen", auch die „Sechzger" oder die „Blauen" genannt, feierte dagegen seine Triumphe als deutscher Meister (1966) und Pokalsieger im Grünwalder Stadion. Seit der Spielzeit 2005/2006 trifft sich die Fangemeinde beider Vereine in der neuen Allianz-Arena im Münchner Norden. Die je nach Vereinsnutzung nachts blau, rot oder neutral weiß leuchtende Arena war im Sommer 2006 Austragungsort des Eröffnungsspiels der Fußballweltmeisterschaft in Deutschland und hieß zu dieser Zeit FIFA WM-Stadion München. Sechs WM-Begegnungen fanden darin statt. Während des „Sommermärchens" 2006 zeigte sich München als vorbildlicher Ausrichter von Sportgroßereignissen, sodass inzwischen eine Kandidatur Münchens um die XXIV. Olympischen Winterspiele im Jahr 2022 als durchaus möglich gilt, nachdem die Bewerbung für 2018 nur knapp scheiterte. München wäre dann weltweit der erste Ausrichter sowohl Olympischer Sommer- als auch Winterspiele.

1978 endete die lange Regierungsära von Ministerpräsident Alfons Goppel (CSU), der seit 1962 an der Spitze der bayerischen Politik gestanden hatte. Mit einer komfortablen CSU-Landtagsmehrheit von fast 60 Prozent wurde Franz Josef Strauß neuer Ministerpräsident. Strauß wurde bundesweit bekannt wie bis dahin kein anderer bayerischer Politiker der Nachkriegszeit. Als wortgewaltigem Parteivorsitzenden war es ihm in den 1950er-Jahren gelungen, die Bayernpartei zu verdrängen und der CSU stabile Mehrheiten zu beschaffen. 1953 wurde Strauß Bundesminister für besondere Aufgaben, dann für Atomfragen und schließlich für die Verteidigung. Als er 1962 infolge der „Spiegel-Affäre" aus der Bonner Adenauer-Regierung ausscheiden musste, konzentrierte er sich zunächst auf die Leitung der CSU-Landesgruppe, wurde „die Stimme Bayerns" im Deutschen Bundestag und vertrat nachdrücklich die Münchner Interessen in Bonn. Nach seinem Wahlsieg bei

den bayerischen Landtagswahlen 1978 wurde er von den Unions-
parteien sogar zum Spitzenkandidaten für die Bundestagswahl 1980
aufgestellt.

Nur wenige Tage vor dem Urnengang wurde München jedoch
Schauplatz eines Terroranschlags, als am Abend des 26. September 1980 eine Bombe am Haupteingang des Oktoberfestes explo-
dierte. Über 200 Personen wurden zum Teil schwer verletzt,
13 Menschen starben, darunter der Attentäter Gundolf Köhler. Köhler war Mitglied der rechtsextremen „Wehrsportgruppe Hoffmann".
Zum Zeitpunkt, da der bayerische Ministerpräsident Bundeskanzler
werden wollte, fiel somit ein brauner Schatten auf München –
obwohl es laut CSU-Behauptungen gar keinen Rechtsextremis-
mus in Bayern gäbe. Die Ermittlungen wurden rasch eingestellt
und Köhler wurde als verrückter Einzeltäter dargestellt – eine bis
heute äußerst umstrittene Entscheidung der Staatsanwaltschaft. Das
makellose Bild Bayerns hatte durch das Attentat und die Ermitt-
lungsmethoden Schaden erlitten. Bei den Bundestagswahlen scheiterte Strauß klar am Amtsinhaber Helmut Schmidt (SPD) und blieb
bayerischer Ministerpräsident.

Der bundespolitisch gescheiterte Strauß sollte die bayerische
Landespolitik der folgenden Jahre umso nachhaltiger prägen. Er
wurde zum Inbegriff des „barocken Bajuwaren", der seine politischen
Gegner heftig attackierte und das bayerische Selbstbewusstsein per-
sonifizierte. Wie ein Monarch liebte er groß inszenierte Staatsakte.
Doch er gab sich auch gerne volksnah und zog damit die Massen
an. Dem leidenschaftlichen Hobbyflieger waren die Ansiedlung und
Förderung von Großunternehmen Hauptanliegen, insbesondere der
Rüstungs-, Luft- und Raumfahrtindustrie. Auch die Inbetriebnahme
des Forschungsreaktors in Garching bei München, Keimzelle des
heute weitläufigen Geländes der Technischen Universität für über
20.000 Studierende, kam wesentlich mit der Unterstützung des
Bundesministers für Atomfragen Strauß zustande. Als Franz Josef
Strauß im Oktober 1988 starb, säumten über 100.000 Menschen die
Straßen. Zeitungen sprachen von dem wohl letzten wirklich „könig-

lichen" Trauerzug durch Münchens Ludwigsstraße, als der Sechs-spänner mit dem Sarg des Ministerpräsidenten durch das schwarz verhüllte Siegestor zog.

Ihm folgte mit Max Streibl (CSU) ein entschiedener Gegner des europäischen Zentralismus ins Ministerpräsidentenamt. Im Oktober 1989 veranstaltete er in München die Konferenz „Europa der Regionen", bei der er sich nachdrücklich für föderale Strukturen des Binnenmarktes einsetzte. Seit Ende des Zweiten Weltkrieges war Bayerns Haltung somit bundes- und europaweit konstant geblieben: Stets sollte der Föderalismus vorangestellt werden. Die widersprüch-lich erscheinende Verbindung von internationalem Austausch und Eigenständigkeit, von Offenheit und Tradition, etablierte sich unter Streibl, der das Amt jedoch nur kurz ausübte, denn 1993 trat er wegen der „Amigo-Affäre" um Spenden- und Bestechungsgelder zurück. Ministerpräsident wurde nun Edmund Stoiber (CSU), in dessen Amtszeit im Mai 1993 die neue Bayerische Staatskanzlei am Hofgarten fertiggestellt wurde – ein wegen seiner Dimensionen, Kosten und Architektur äußerst umstrittenes Bauwerk. Seit dem Einzug in die neue Staatskanzlei residieren Bayerns Ministerpräsi-denten im ehemals königlichen Zentrum Münchens, sodass sich das politische Machtzentrum Bayerns seit Gründung der Stadt durch Herzog Heinrich den Löwen nur wenig verschoben hat: vom Alten Hof zur Staatskanzlei am Hofgarten. Eine enorme örtliche Kontinu-ität, an der sich die Ausrichtung der Münchner Infrastruktur über alle Jahrhunderte orientierte.

Ebenfalls seit 1993 – dem Jahr, als Stoiber Bayerns Geschicke zu lenken begann – ist der Schwabinger Christian Ude (SPD) Münch-ner Oberbürgermeister. Seit 1948 wird die Landeshauptstadt somit SPD-regiert, unterbrochen nur in den Jahren 1978 bis 1984, als Erich Kiesl (CSU) das Amt ausübte. Satte Mehrheiten der CSU im Land und ebensolche der SPD in München ergeben ein lange gewohntes Bild.

Den Schwerpunkt der Münchner Wirtschaft bilden heute Unter-nehmen der Bereiche Computer und Software, Mechanik, Gen-,

Elektro- und Informationstechnik sowie Dienstleistungs-, Medien- und Telekommunikationsunternehmen. Seit den 1990er-Jahren siedeln sich vor allem in der Peripherie Großkonzerne an und bilden einen regelrechten Industriegürtel um die Stadt. Führende deutsche Forschungseinrichtungen, etwa die Max-Planck-Gesellschaft und die Fraunhofergesellschaft, haben München als Standort gewählt. Das Leibnitz-Rechenzentrum in Garching bei München avancierte inzwischen gar zum Europäischen Zentrum für Supercomputing. Im Mai 1992 nahm nahe Freising der neue Münchner Großflughafen, der sich inzwischen zum zweitgrößten Flughafen Deutschlands entwickelt hat, den Betrieb auf. Er trägt den Namen des Mannes, der ihn politisch einst auf den Weg gebracht hatte: Franz Josef Strauß. Er bietet dem bis dahin strukturschwachen Münchner Norden gute wirtschaftliche Perspektiven. Inzwischen werden über 30 Millionen Passagiere pro Jahr abgefertigt, doch längst sorgen Erweiterungspläne für Diskussionsstoff: der Bau einer neuen Startbahn und eines neuen Terminals sowie die Verbesserung der Anbindung des Flughafens durch öffentliche Verkehrsmittel. Auch das neue Messegelände trug dazu bei, München zum führenden Wirtschaftsstandort in Süddeutschland werden zu lassen. Fazit: Kaum irgendwo in Deutschland sind heute die Arbeitslosenzahlen niedriger und zugleich die Mieten und Lebenshaltungskosten höher als in München.

Trotz Expansion und Innovation fehlte München lange Zeit der Mut zu moderner Architektur, die auch internationalen Vergleichen standhalten würde. Inzwischen setzt die Stadt jedoch Akzente, so durch die Highlight Towers von Murphy & Jahn und durch die multifunktionale BMW-Welt des Wiener Büros Coop Himmelb(l)au, die im Oktober 2007 eröffnet wurde. Mittlerweile prägen renommierte Architekten die bayerische Landeshauptstadt, wie Richard Meier mit dem SiemensForum, das Basler Architektenduo Jacques Herzog und Pierre de Meuron mit der Einkaufspassage Die Fünf Höfe oder Norman Foster mit dem Neubau der Städtischen Galerie im Lenbachhaus. Fosters goldglänzende Fassade umschließt den historischen Altbau Franz von Lenbachs und setzt gemeinsam mit dem neuen Museum Sammlung Brandhorst und dem neuen Ägyptischen Museum einen deutlichen und attraktiven Akzent im Münchner Museumsquartier.

Heute ist kaum mehr vorstellbar, dass München vor 60 Jahren eine Trümmerwüste war. Die Stadt hat nicht nur ihre Kriegslücken geschlossen, sondern auch zu wirtschaftlicher Blüte zurückgefunden. Das einstige „Isar-Athen" leuchtet wieder und hat trotz aller modernen Einflüsse seine Traditionen nicht aufgegeben. Wie schon der Münchner Franz Josef Strauß sagte: „Dieses geschichtliche Erbe ist auch für uns heute noch lebendige Wirklichkeit." Und die Archäologen am Marienhof haben ihre Arbeiten inzwischen beendet. Alle Funde sind dokumentiert und werden nun wissenschaftlich ausgewertet. Über den Schichten der Münchner Stadtgeschichte – von den ältesten Siedlungsspuren bis zum Zweiten Weltkrieg – wird bis zum anstehenden Bau eines weiteren S-Bahn-Tunnels wieder Rasen angelegt.

WEITERFÜHRENDE LITERATUR

ADALBERT PRINZ VON BAYERN: *Die Wittelsbacher. Geschichte unserer Familie.* München 2005.

BARY, R. v.: *Herzogsdienst und Bürgerfreiheit. Verfassung und Verwaltung der Stadt München im Mittelalter 1158–1560.* München 1997.

BAUER, R. (HG.): *Geschichte der Stadt München.* München 1992.

BAUER, R.: *Geschichte Münchens.* München 2003.

BAUER, R. / BRENNER, M. (HG.): *Jüdisches München. Vom Mittelalter bis zur Gegenwart.* München 2006.

BICKERICH, W.: *Franz Josef Strauß. Die Biographie.* München 1998.

BILLER, J.H. / RASP, H.-P.: *München. Kunst- und Kulturlexikon.* 17. Aufl. München 2005.

BOSL, K.: *München. Bürgerstadt, Residenz, heimliche Hauptstadt Deutschlands.* Stuttgart 1971.

BRANDMÜLLER, W. (HG.): *Handbuch der Bayerischen Kirchengeschichte.* 2 Bde. St. Ottilien 1998.

BRUNNER, H.: *Die Kunstschätze der Münchner Residenz.* München 1977.

BUTTLAR, A. v.: *Leo von Klenze. Leben – Werk – Vision.* München 1999.

COMITÉ INTERNATIONAL DE DACHAU (HG.): *Konzentrationslager Dachau 1933–1945.* München 1978.

DUVIGNEAU, V. (HG.): *Stadtbild München. Ansichten, Modelle und Pläne aus fünf Jahrhunderten.* München 1990.

ERICHSEN, J. / HEINEMANN, K. (HG.): *Bayerns Krone 1806. 200 Jahre Königreich Bayern.* München 2006.

FALTLHAUSER, K.: *Die Münchner Residenz. Geschichte – Zerstörung – Wiederaufbau.* Ostfildern 2006.

GLASER, H. (HG.): *Kurfürst Max Emanuel. Bayern und Europa um 1700.* 2 Bde. München 1976.

GOEDL, M. (HG.): *Museen in München.* 3. Aufl. München 1990.

GÖTSCHMANN, D.: *Wirtschaftsgeschichte Bayerns. 19. und 20. Jahrhundert.* Regensburg 2010.

GÖTZ, N. / SCHACK-SIMITZIS, C. (HG.): *Die Prinzregentenzeit.* München 1988.

GRAU, B.: *Kurt Eisner. Eine Biographie.* München 2001.

HEIMERS, M.P.: *Krieg, Hunger, Pest und Glaubenszwist. München im Dreißigjährigen Krieg.* München 1998.

HEISSERER, D.: *Wo die Geister wandern. Eine Topographie der Schwabinger Bohème um 1900.* 2. Aufl. München 1996.

HEISSERER, D.: *Ludwig II.* Reinbek bei Hamburg 2003.

HUBENSTEINER, B.: *Bayerische Geschichte. Staat und Volk, Kunst und Kultur.* 16. Aufl. Rosenheim 2006.

HÜTTL, L.: *Ludwig I. König und Bauherr.* München 1986.

KRAUS, A.: *Maximilian I. Bayerns großer Kurfürst.* Graz 1990.

KRAUS, A.: *Geschichte Bayerns. Von den Anfängen bis zur Gegenwart.* 3. Aufl. München 2004.

LARGE, D.C.: *Hitlers München. Aufstieg und Fall der Hauptstadt der Bewegung.* München 2001.

LIEB, N.: *München. Die Geschichte seiner Kunst.* 3. Aufl. München 1982.

LUCKHARDT, J. / NIEHOFF, F. (HG.): *Heinrich der Löwe und seine Zeit. Herrschaft und Repräsentation der Welfen 1125–1235.* Bd. 2. München 1995.

MAIER, L.: *Stadt und Herrschaft. Ein Beitrag zur Gründungs- und frühen Entwicklungsgeschichte Münchens.* München 1989.

MEITINGER, K.: *Das neue München. Vorschläge zum Wiederaufbau.* München 1982 (Nachdr.).

MOLLENHAUER, B.: *Zwischen Monarchie und Münchner Freiheit. München zwischen den Weltkriegen.* München 2010.

MÜNCHNER STADTMUSEUM (HG.): *Das Oktoberfest. Einhundertfünfundsiebzig Jahre Bayerischer National-Rausch.* München 1985.

NEUMANN-ADRIAN, E. / NEUMANN-ADRIAN, M.: *Literarisches München*. Weimar 2001.

NÖHBAUER, H.F.: *München. Eine Geschichte der Stadt und ihrer Bürger*. 2 Bde. München 1989, 1992.

PRINZ, F.: *Die Geschichte Bayerns*. München 2001.

RALL, H. / RALL, M.: *Die Wittelsbacher in Lebensbildern*. Graz 1986.

REISER, R.: *Alte Häuser – Große Namen: München*. München 2002.

RUTTE, E.: *Bayerns Erdgeschichte. Der geologische Führer durch Bayern*. 2. Aufl. München 1992.

SELIG, W. (BEARB.): *Chronik der Stadt München 1945–1948*. München 1980.

SPINDLER, M. (HG.): *Handbuch der Bayerischen Geschichte*. 4 Bde. München 1981–2007.

STAHLEDER, H. (HG.): *Chronik der Stadt München*. 3 Bde. München 1995–2005.

STIFTUNG WEISSE ROSE MÜNCHEN E.V. (HG.): *Die Weiße Rose*. München o. J.

THOMAS, H.: *Ludwig der Bayer. Kaiser und Ketzer*. Regensburg 1993.

TREML, M.: *Geschichte des modernen Bayern. Königreich und Freistaat*. 3. Aufl. München 2006.

WEIDNER, T.: *Lola Montez oder eine Revolution in München*. München 1998.

WEIS, E.: *Montgelas*. 2 Bde. München 1988–2005.

WIECZOREK, A. / PROBST, H. / KOENIG, W. (HG.): *Lebenslust und Frömmigkeit. Kurfürst Carl Theodor (1724–1799) zwischen Barock und Aufklärung*. Bd. 1. Regensburg 1999.

ZORN, W.: *Bayerns Geschichte im 20. Jahrhundert. Von der Monarchie zum Bundesland*. München 1986.

ein gelungenes Werk
SÜDDEUTSCHE ZEITUNG

Fürstenfeldbruck 1935 bis 2010

Gerhard Neumeier

18,95 € | ISBN: 978-3-86680-735-8

Eine Gesamtschau dessen, was die Lebendigkeit der Stadt ausmacht.

ERDINGER ANZEIGER

Das ist informativ, unterhaltsam und in nicht wenigen Textzeilen von dem [...] bekannten und geschätzten Humor Paul Adelsbergers geprägt.

ERDINGER SZ

Erding. Impressionen aus einer kleinen Stadt
Paul Adelsberger

17,90 € | ISBN: 978-3-89702-877-7

Spektakuläre Fotos: Die heißesten Fälle der Feuerwehr. Ein tolles Zeitdokument, das in keinem Münchner Bücherregal fehlen darf.

BILD MÜNCHEN

Die Münchner Feuerwehr im Einsatz
Von den Siebzigern bis heute
Thomas Gaulke
22,95 € | ISBN: 978-3-86680-789-1

Thomas Gaulke

ALARM
im Großraum München

Einsätze von 1974 bis heute

*Dieser Bildband spiegelt das große Engagement der
Feuerwehrleute der Freiwilligen Feuerwehren, der
Berufs- und Werkfeuerwehren wider.*

MÜNCHNER WOCHENBLATT

ein praller Bilderbogen

BILD MÜNCHEN

Alarm im Großraum München
Einsätze von 1974 bis heute
Thomas Gaulke
22,95 € | ISBN: 978-3-95400-005-0

Buchhinweise

*Eine sehr spannende Lektüre für alle
Oberbayern-Interessierten und Freunde des
Fremdenverkehrs!*

FUENFSEENLAND.DE

Mir ging eine neue Welt auf.
Die Anfänge des Fremdenverkehrs in Oberbayern
Karl Stankiewitz

22,95 € | ISBN: 978-3-86680-916-1

SUTTON
VERLAG

Weitere Bücher finden Sie unter:
www.sutton-belletristik.de